零基础学
指数型基金
从入门到精通

股震子 / 编著

中国宇航出版社
· 北京 ·

图书在版编目（CIP）数据

零基础学指数型基金从入门到精通 / 股震子编著. -- 北京:中国宇航出版社, 2020.10
ISBN 978-7-5159-1818-1

Ⅰ. ①零… Ⅱ. ①股… Ⅲ. ①指数－基金－投资－基本知识 Ⅳ. ①F830.59

中国版本图书馆CIP数据核字(2020)第144079号

策划编辑 田芳卿
责任编辑 卢 珊 封面设计 宇星文化

出版发行 中国宇航出版社
社 址 北京市阜成路8号 邮 编 100830
(010)60286808 (010)68768548
网 址 www.caphbook.com
经 销 新华书店
发行部 (010)60286888 (010)68371900
(010)60286887 (010)60286804(传真)
零售店 读者服务部
(010)68371105
承 印 三河市君旺印务有限公司
版 次 2020年10月第1版 2020年10月第1次印刷
规 格 710×1000 开 本 1/16
印 张 13.5 字 数 192千字
书 号 ISBN 978-7-5159-1818-1
定 价 39.90元

指数型基金：分享股市上涨的红利

（代序）

指数，在大多数人眼中，就是一个股价平均数。购买指数型基金，也就意味着要享受股市上涨带来的平均收益。在很多情景中，平均收益，这个并不算太差的水平，却常常被看成优秀业绩的反面，并不是一个良好的结果。然而，目前市场上绝大多数投资者却并未取得超越指数的平均收益。也就是说，你辛辛苦苦买股票、炒基金，一顿操作下来，可能还不如守住一只沪深300指数基金所获得的收益。

每个人都试图战胜市场，这是人的天性，但是市场永远处于不断的变化之中，根本没有人能够准确预知明天的市场运行方向。因此，作为一个普通投资者，投资指数型基金往往是一个不错的选择。事实上，就连股神巴菲特也不止一次地推荐指数型基金，甚至曾经嘱咐自己的家人，当他去世之后，就去投资指数型基金（标普500指数）。

对于普通投资者来说，投资指数型基金有这样三个好处：其一，可以分享股市上涨的红利，从长远来看，随着经济的发展，股市也会呈现振荡上升走势；其二，省去了跟踪股市的时间，无需为选股、判断买卖点而烦恼；其三，减少交易频次，省去了大量的交易成本。作为投资者应该清楚，频繁交易必然会产生较大的交易成本，而投资指数型基金则可以省去这些交易成本。

当然，投资指数型基金也不是简单地从市场上随便找一个指数型基金品种即可，而是需要投资者从自身需求出发，寻找合适的投资品种。宽基指数和窄基指数涵盖的成份股不同，投资方向也会有所不同，收益更不可同日而语。各个类型的指数型基金，可能在不同时期有不同的表现，这都需要投资者去权衡和决策。

任何种类的基金投资都不是简单地买入、持有、卖出那么简单，而是需要投资者对大的经济环境有所认识和了解，通过构建基金组合，运用基金品种和类型的切换，尽量避开某一类型基金的熊市，拥抱牛市。

总之，投资的道路上，从来没有捷径。

目 录

第一章 指数基金，投资新手的最佳选择

第二章　指数基金的灵魂——指数

第三章　宽基指数及主要基金产品

第九章　指数基金投资三部曲——定策略

第十章　指数基金的最佳交易策略——基金定投

第一章

指数基金，投资新手的最佳选择

指数型基金是指以某一特定指数为跟踪标的，并将构成该指数的标的作为投资对象的股票型基金。以常见的沪深 300 指数为例，如果某只基金以该指数为跟踪标的，则该基金就会按照构成沪深 300 指数的权重占比买入 300 只股票。其后，该只基金的净值走势就会与沪深 300 指数保持一致。当沪深 300 指数的标的股票发生调整时，该基金也会随之调整投资标的。

相比其他类型的股票型基金，指数型基金的管理更为被动，因此也称为被动型基金。

第一节　指数基金为何大受欢迎

世界上第一只指数型基金诞生于美国，当然，指数型基金诞生初期远没有现在这样风光。1975 年，约翰·博格创立了第一只指数基金——先锋指数基金。在创立之初，先锋指数基金募集资金的目标为 1.5 亿美元，然而，由于市场上大多数投资者对指数型基金并不认可，最终只募集到了 1100 万美元。

此后，市场一再证明约翰·博格创立指数型基金的正确性，指数型基金的收益率也一再超过市场上优质的股票型基金。其后，他所创立的先锋指数基金旗下管理的资金超过 1 万亿美元。约翰·博格作为指数基金的缔造者，被《财富》杂志评为 20 世纪四位投资巨人之一。

一、从巴菲特的一场“赌局”看指数基金

巴菲特特别偏爱指数型基金，甚至为了推广指数型基金，专门设置了一场“赌局”。2005 年，巴菲特曾经公开宣布：任何一名基金经理都可以随意挑选五只主动型基金，若能在 10 年后，其整体收益水平战胜标普 500 指数，则可赢得 50 万美元的奖金；反之，若不能战胜标普 500 指数，则要赔给他 50 万美元。

之前，在投资领域，很多投资者都认为主动型基金的表现肯定会比指数型基金优异，毕竟指数型基金是一种被动型基金，不需要基金经理采取任何主动的投资规划，只需紧紧地跟随指数即可。对于巴菲特发起的这个“赌局”，尽管很多基金经理跃跃欲试，但在接下来的三年时间里，还是没有人真正接受挑战。

2008 年，终于有一位名叫泰德·西德斯的基金经理出来迎战。他挑选了五只 FOF 基金（即专门投资于其他基金产品的基金，被称为基金中的基金），这五只 FOF 基金又分别投资了几十只主动型基金。到了 2017 年，也就是赌局进行到第十个年头，结果已经非常明显，泰德·西德斯挑选的五只基金的上涨幅度分别为：21.7%、42.3%、87.7%、2.8% 和 27%，平均年化收益率分别为：2.0%、3.6%、6.5%、0.3%、2.4%。与此同时，标普 500 指数在十年的时间里上涨了 125.8%，平均年化收益率为 8.5%。

也就是说，泰德·西德斯的五只主动型基金中，没有一只能够战胜标普 500 指数，更不用说整体上战胜标普 500 指数了。在这场“赌局”中，巴菲特取得了完胜。

二、为何战胜指数基金那么难

主动型基金难以战胜指数型基金，有这样几个原因。如图 1–1 所示。

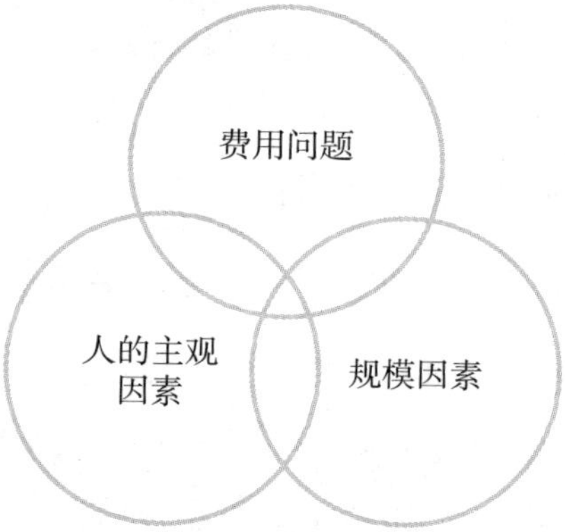

图 1–1　主动型基金难以战胜指数型基金的原因

第一，费用问题。通常情况下，指数型基金的各项管理费用会远远低于主动型基金，且在十年时间内，主动型基金的交易频率也会远远高于指数型基金。指数型基金只有在指数更换标的时才会被动调整持仓股票。

下面以国泰基金公司旗下的两款基金为例，来看一下费用上的差距。先来看一下沪深 300 指数基金的费用情况，如图 1–2 所示。

基金全称	国泰沪深300指数证券投资基金	基金简称	国泰沪深300指数A
基金代码	020011（前端）	基金类型	股票指数
发行日期	2007年11月16日	成立日期/规模	2007年11月11日 / 3.480亿份
资产规模	22.12亿元（截止至：2019年12月31日）	份额规模	24.2610亿份（截止至：2019年12月31日）
基金管理人	国泰基金	基金托管人	中国银行
基金经理人	艾小军	成立来分红	每份累计0.00元（0次）
管理费率	0.50%（每年）	托管费率	0.10%（每年）
销售服务费率	0.00%（每年）	最高认购费率	1.50%（前端）
最高申购费率	~~1.50%（前端）~~ 天天基金优惠费率：0.15%（前端）	最高赎回费率	1.50%（前端）
业绩比较基准	90%*沪深300指数收益率 + 10%*银行同业存款收益率	跟踪标的	沪深300指数

图 1–2　国泰沪深 300 指数 A 基金的费用结构

基金最主要的费用包括基金管理费、托管费和销售服务费三项。国泰沪深 300 指数基金的管理费率为 0.5%（每年），托管费率为 0.1%（每年），销售服务费率为 0。

下面再来看一下国泰基金其他股票型基金的费用情况，如图 1–3 所示。

基金全称	国泰成长优选混合型证券投资基金	基金简称	国泰成长优选混合
基金代码	020026（前端）	基金类型	混合型
发行日期	2012年02月16日	成立日期/规模	2012年03月20日 / 4.093亿份
资产规模	22.36亿元（截止至：2019年12月31日）	份额规模	8.3364亿份（截止至：2019年12月31日）
基金管理人	国泰基金	基金托管人	招商银行
基金经理人	申坤	成立来分红	每份累计0.52元（2次）
管理费率	1.50%（每年）	托管费率	0.25%（每年）
销售服务费率	---（每年）	最高认购费率	1.20%（前端）
最高申购费率	~~1.50%（前端）~~ 天天基金优惠费率：0.15%（前端）	最高赎回费率	1.50%（前端）
业绩比较基准	沪深300指数收益率×80%+中证综合债券指数收益率×20%	跟踪标的	该基金无跟踪标的

图 1–3　国泰成长优选混合基金的费用结构

国泰基金公司的国泰成长优选混合基金的管理费率为 1.5%（每年），托管费率为 0.25%（每年），销售服务费率为 0。两者之间每年的费用差距在1.15%。也就是说，主动型股票基金的费用每年要比指数型基金高出1.15%。从长远来看，每年1.15%费用，可能构成主动型基金与指数型基金收益落差的一部分。

同时，基金经理调仓换股也会蚕食一部分基金收益。

第二，人的主观因素。通常情况下，股票型基金的仓位具有很大的伸缩性，最高可以达到95%，最低可以降至60%到70%左右，而指数型基金必须保持90%以上的仓位，因为其必须紧跟指数。从理论上来说，股票型基金的灵活性更好，基金经理可以在股市下跌时降低仓位，并在股市上涨时增加仓位，从而有效回避股市下跌给基金造成的损失。然而，事实上，基金经理很难在每次操作中都准确地捕捉到最佳的降低仓位和增加仓位的时机。实际管理过程中，很可能出现这样一种情况：当股市下跌，基金经理降低仓位后，股市重新上涨；当基金经理将仓位加回后，股市又开始下跌了。总之，历史经验一次次证明，没有人能够准确地踏准股市涨跌的节奏。

第三，主动型基金持有的股票数量相对较少，若个别股票出现“黑天鹅”事件，将会对基金净值产生较大的影响。而指数基金，特别是涵盖目标股较多的宽基指数基金，个别股票的涨跌对整个基金的收益影响较小。

三、想要变富，必须允许钱慢慢增加

A股市场已经走过了30年的时间，在这30年里，股市和股民逐渐从幼稚走向了成熟。尽管市场仍会有一些时段出现暴涨暴跌的情况，但逐渐回归理性却是一个不可逆转的趋势。

一轮又一轮的牛市与熊市循环，让太多的股民体会到了股市的无情。经历过牛市的疯狂和熊市的恐慌，也让更多的股民走向了成熟。越来越多的股民放弃了在股市中一夜暴富的幻想，开始寻求资产稳定增值的方案，于是，大家渐渐发现，指数基金也许正是自己所需要的。

下面来看一下A股市场上最经典的指数沪深300指数的走势情况，如图1–4所示。

图 1–4 沪深 300 指数日 K 线走势图

沪深 300 指数创立于 2005 年 4 月 8 日，以 2004 年 12 月 31 日为基点，起始点位为 1000 点。事实上，到了 2005 年 4 月 8 日沪深 300 指数正式发布的时候，已经跌到了 850 点左右。

到了 2020 年 2 月下旬，沪深 300 指数经历了将近 15 年的时间，指数翻了将近 5 倍。也就是说，投资者若在 2005 年投资追踪沪深 300 指数的指数基金，可以取得将近 5 倍的收益，这是非常不错的投资成绩。若是投资者喜欢定投，还有可能让自己的收益放大若干倍。

第二节 大多数新手选择指数基金的原因

“通过定期投资指数基金，一个什么都不懂的投资者，通常都能打败大部分的专业基金经理”，1993 年，巴菲特在《致股东的信》中这样写道。从

1993 年开始，巴菲特不下 10 余次推荐指数型基金，另一方面，巴菲特又从不建议普通投资者参与短线投机行为，由此可见他对指数型基金的偏爱。

作为投资新手，无论是投资股票还是股票型基金，总是很难把握市场的节奏，也容易被套在高位。同时，选择股票或股票型基金，对于新手来说难度也非常大。推荐新手选择指数型基金有这样几个原因，如图 1–5 所示。

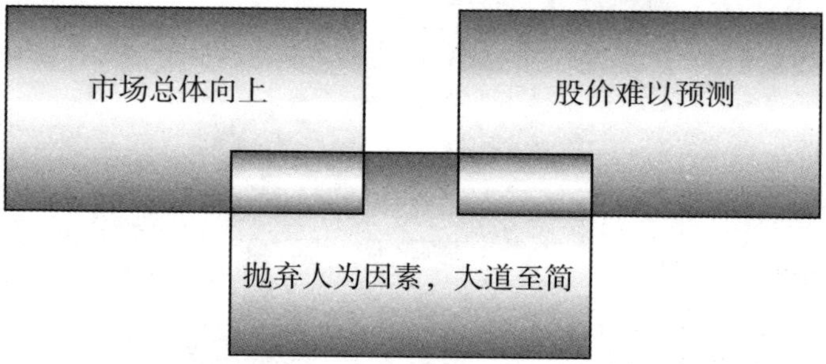

图 1–5　选择指数型基金的原因

一、市场总体向上

随着国民经济的发展，股市也必然会随之整体上行，而作为股市中各类股票运行参照标的的指数，也会不断走高。当然，若从短期来看，伴随着上一轮牛市跨越顶峰后，指数走出下跌趋势或短暂的下行都是可能的，但是从长远来看，指数一定会重新回归上升通道。

下面来看一下沪深 300 指数的日 K 线走势图，如图 1–6 所示。

图 1–6 为 2010 年到 2020 年的沪深 300 指数日 K 线走势图。从图中可以看出，沪深 300 指数的波动幅度非常大。不过，观察沪深 300 指数的最低点可以发现，指数每次回调的低点都呈现出了不断上升的势头，这说明股市整体处于上行态势。

从沪深 300 指数的走势来看，投资者投资指数型基金，也并不是买入就稳赢的，若在高点处入场，也存在亏损的可能。换句话说，买卖指数型基金同样需要讲究方法和技巧，这些在后面的章节会详细介绍。

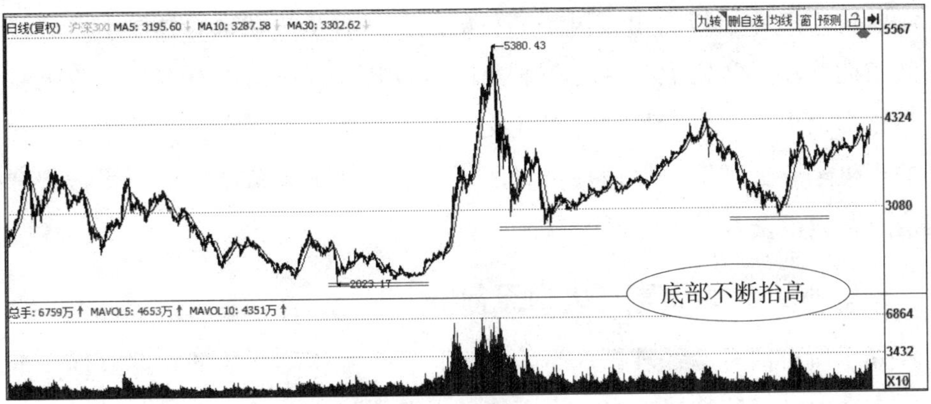

图 1-6 沪深 300 指数日 K 线走势图

既然市场是整体上行的，那么，持有指数型基金就相当于必然会分得市场上行带来的红利，也就省得投资者费力地筛选其他基金产品或股票了。

二、股价难以预测

股票短线投机，是巴菲特最不喜欢的一种投资方式。从短期来看，股市的波动总是让人难以捉摸，特别是一些个股的波动更为剧烈。通常情况下，普通投资者面对这种波动总是显得力不从心。下面来看一下风华高科的日 K 线走势图，如图 1-7 所示。

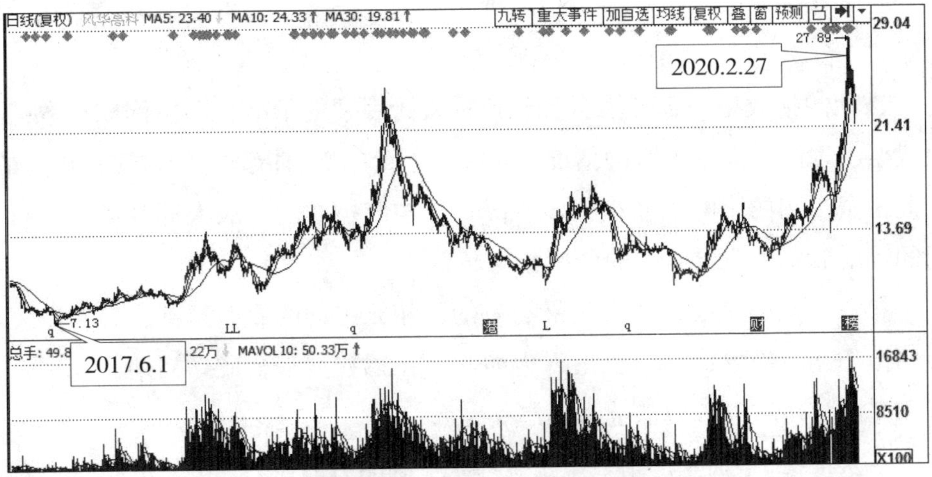

图 1-7 风华高科（000636）日 K 线走势图

从图 1–7 中可以看出，风华高科的股价尽管从长期来看处于上升趋势，但其短期波动异常剧烈。持有该股票的投资者，很可能没有等到股价上涨就将其止损卖出了。也就是说，短线交易需要投资者具有强大的心理素质和丰富的投机经验，这不是普通投资者所具备的。从这个角度来说，指数型基金无疑是普通投资者最佳的投资选择。

三、抛弃人为因素，大道至简

几乎所有的基金经理都在努力实现优于大盘平均指数的收益目标，事实上，从过去的统计数据来看，真正能够战胜平均指数的基金经理微乎其微。大部分基金经理的业绩都要低于平均指数的涨幅。也就是说，投资者投资被动的指数型基金，收益很可能会高于主动管理的股票型基金。

指数型基金之所以能够取得如此优异的表现，主要基于以下几个因素。

第一，摒弃人为因素干扰。主动型股票基金的建仓与清仓决策都是由基金经理制定的，尽管每家基金公司为了确保投资决策的科学性，都会建立比较规范的决策程序，但毕竟这些决策都是建立在人为决策的基础之上的，必然会受到人的主观因素的影响，这就使得主动型股票基金的业绩受人为因素的影响较大，若期间基金经理出现严重的决策错误或者踩到了某颗“雷”（个股因受某些突发因素影响而出现股价暴跌的情况），都可能让基金的业绩一落千丈。

被动的指数型基金则不会受到这种人为因素的影响，即使构成指数的某只股票出现股价大幅下跌的情况，但由于个股在整个指数中的占比是极低的，因此投资受到的影响也会小很多。况且，构成指数的个股大部分都属于行业内的优质股票，股价暴跌的概率相对较低。

第二，最简单的，也许是最有效的。相比主动的股票型基金，指数型基金的操作相对简单许多。也正因为如此，在指数型基金成立初期，很多投资者和基金公司对指数型基金都不屑一顾。

事实证明，最简单的指数型基金却是盈利能力最强的。指数型基金的强势，说明市场远比大多数基金经理更加懂得市场。指数型基金的走势与市场走势保持一致，若投资者无法保证自己能够战胜市场，或者不能确信自己所申购基金的基金经理能够战胜市场，则买入指数型基金无疑是一种最佳的选择。

第三节　指数基金投资常用术语

一、申购、认购、超额认购、定投、赎回、巨额赎回

1. 申购

基金申购是指投资者到基金管理公司或选定的基金代销机构开设基金账户，按照规定的程序申请购买基金份额的行为。如图 1–8 所示。

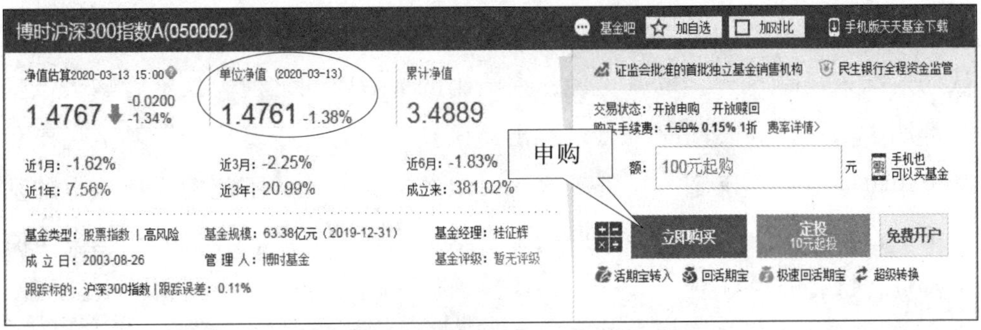

图 1–8　申购正在开放中的基金

投资者申购开放交易中的基金的价格，按照基金单位净值加上一定的销售费用组成。如图 1–8 所示，投资者要买入该基金，则需按照当时的单位净值每份 1.4761 元加上一定的费用支付申购款项。投资者投入一定金额后，系统会在两个交易日（基金公司将投资者投入的资金转为基金份额需要一定的时间）内给出投资者所持有的基金份额。

2. 认购

认购与申购相似，也是一种买入基金的行为。基金认购是指投资者在基

金首次募集期内购买基金的行为。通常情况下，基金在正式宣布成立前，都有一个基金募集期，投资者在此期间购买基金的行为都属于认购。如图 1–9 所示。

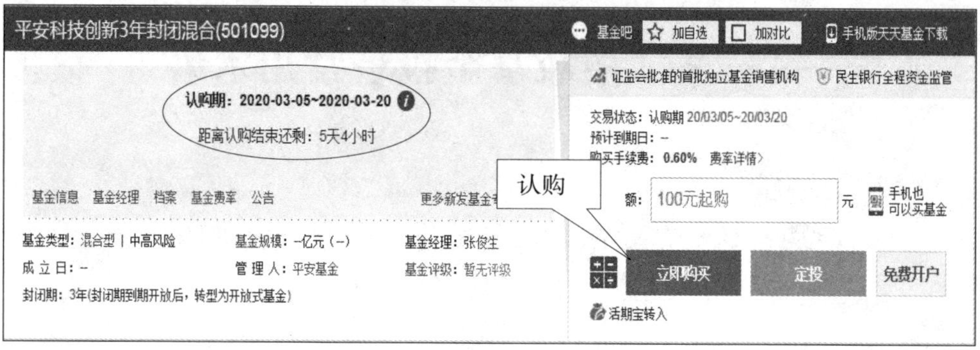

图 1–9　认购募集中的基金

投资者在认购期购入基金，在费用方面会有一定的优惠，其认购价格一般为基金单位价格加上一定的销售费用。从图 1–9 中可以看出，该基金距离认购期结束还有 5 天，也就是说，在给出的最后时间之前，投资者购买该基金都属于认购行为。同时也可以看出，该基金当时处于募集期，基金规模和基金单位净值都不确定。投资者投入一定的资金后，并不能确定所持有的基金单位份额，要等到基金募集期结束，基金正式成立后，才能公布基金净值和投资者持有的份额数。

投资者认购的基金，必须要等到基金封闭期过后才能赎回，或者等到基金上市交易后才能卖出。投资者若是申购基金，则可在申购成功后的下一交易日赎回。

3. 超额认购

超额认购是指在基金募集期内，投资者认购的基金份额超过基金发行量的情况。基金出现超额认购，说明市场上的投资者对正在募集资金的基金比较看好，市场需求较高。这种情况一般是基于基金公司或基金经理具有较高的声誉，也可能是该基金投资品种属于市场热门品种。

由于基金募集的资金总额不能超过预先核准的限额，因此基金出现超额认购时，基金公司一般会通过抽签或按比例配售的方式分配份额。例如，一只基金预先设定的规模上限为 100 亿元，但是市场上的投资者在募集期内的认购额度达到了 200 亿元，这时基金公司可能会采用按比例配售的方式来分配基金额度，那么，先前认购 2 万元的投资者，只能获得 1 万个基金单位份额（不考虑各项费用）。

4. 定投

基金定投是指在固定的时间将固定金额的资金投入指定的开放式基金中。例如，投资者每月从工资中拿出固定的一部分用于购入某一基金产品。相对于一次性买入基金，基金定投的投资门槛更低，也更容易平摊成本。关于基金定投的相关技巧和方法，后面章节会详细介绍。

5. 赎回

投资者直接或通过代理机构向基金管理公司要求部分或全部退出基金的投资，并将买回款汇至该投资者的账户内。

通常情况下，大家所说的基金赎回指的是投资者主动赎回持有的开放式基金份额。对于封闭式基金，投资者要想将手中的基金份额赎回，只有等到封闭式基金转为开放式基金后才能赎回，或者通过二级市场卖出手中的基金份额。

6. 巨额赎回

巨额赎回是指当开放式基金在某一交易日的净赎回量（赎回申请总数扣除申购申请总数后的余额）超过基金规模的 10% 时，基金管理人可以在接受赎回比例不低于基金总规模 10% 的情况下，对其余的赎回申请延期办理。通常情况下，基金公司会预先准备一定的余额用于应对投资者的赎回，当投资者大量赎回基金时，基金公司就需要更多的时间将手中的资产变现。

作为投资者，若遇到巨额赎回而又想避免延期赎回时，可以采取的措施包括连续赎回或取消赎回。连续赎回是指当基金公司在当日无法满足投资者的赎回申请时，顺延至下一个交易日继续申请赎回基金。取消赎回是指投资者在递交赎回申请时，有权选择一旦发生巨额赎回时，对于延期办理的赎回申请部分，选择予以撤消。

二、基金份额、基金单位净值、累计净值、估算净值

1. 基金份额

基金份额是指基金发起人向投资者公开发行的，表示持有人按其所持份额对基金财产享有收益分配权、清算后剩余财产取得权和其他相关权利并承担相应义务的凭证。例如，投资者向基金公司支付 10000 元用以认购基金，那么，即使基金的单价为 1 元，投资者所持有的基金份额也不会是 10000 份，而是 9950 份左右（考虑手续费等因素）。其后，投资者就可以依照持有的这些基金份额享受基金运行过程中带来的各种权益。

基金份额也称为基金单位，1 个基金份额就是 1 个基金单位。

2. 基金单位净值

基金单位净值是指每一基金份额所对应的基金净资产价值。通常情况下，开放式基金每个交易日会更新当日基金单位净值。

基金单位净值的计算公式如下：

基金单位净值 = 基金净资产 / 基金总份额

每个交易日收盘后，基金公司会根据基金所持有各类有价证券的收盘价计算出基金总资产的价值，扣除当日所有费用和成本后，得出基金当日资产的净值。如图 1–10 所示。

图 1–10　基金单位净值（2020.2.21）

图1–10为博时沪深300指数A基金的单位净值，为1.5682元(2020.2.21)。即截至2020年2月21日，该基金的单位净值为1.5682元。也就是说，投资者在2020年2月22日可以查看到前一交易日（即2月21日）该基金的单位净值。

3. 累计净值

基金单位累计净值是基金单位净值与基金成立后历次累计单位派息金额的总和，这是反映该基金自成立以来所有收益的数据。比如，某只基金当日单位净值为1.59元，历史累计单位派息总和为1.88元，则其累计净值应当为3.47元。例如，图1–10中的博时沪深300指数A基金的单位累计净值为3.5810元，表示该基金当日单位净值1.5682元与历史单位累计派息的总和为3.5810元。

通过查看一只基金的累计净值情况，可以做出如下几方面的判断。

第一，累计净值反映了基金成立以来所取得的累计收益，可以比较直观地反映出基金运作的历史表现。通俗地说，累计净值越高，说明基金管理水平越高。

第二，累计净值可以修正最新单位净值给投资者选择基金带来的困扰。最新净值的高低并不能全面反映基金运作的情况，有的基金当日单位净值可能相对较低，这可能是由于历史累计分红较高造成的。

第三，投资者在选择基金时，不能“贪便宜”选择净值较低的基金（选择这样的基金可能会获得相对较多的份额，即更多的基金单位），但若其历史累计净值较低，则说明基金运作水平有限，该基金未来的运营情况也堪忧。

4. 估算净值

估算净值，顾名思义，就是一些基金网站或财经软件根据基金持仓、投资证券标的当日价格走势、基金历史业绩表现以及一些独创的算法，大致估算的实时基金净值。前面曾经说过，基金公司会在每日收盘后给出当日的基金单位净值，但是有些投资者想在盘中时段了解基金的实时净值情况，于是一些基金网站或财经软件就给出了一个估算出来的大致的净值走势。通常情况下，估算的净值多会与实际的单位净值存在一些误差，因此，这个估算净值只能作为投资者投资基金时的参考。

如图 1–10 所示，天天基金网根据博时沪深 300 指数 A 基金所投资标的的价格变动情况，给出了该基金当日实时的基金估算净值为 1.5667 元。这个 1.5667 元并不是基金的最新净值，只是天天基金网根据盘中各投资标的的实时价格估算的一个单位净值。投资者要想知道该基金最终的当日净值，还要查看股市收盘后由基金公司发布的净值报告。

三、上市交易、场内、场外、基金转换、转托管

1. 上市交易

上市交易是指基金合同生效后，投资者通过证券交易所会员单位以集中竞价的方式买卖基金份额的行为。也就是说，基金上市交易后，投资者就可以像交易股票一样在证券交易所交易基金了。

2. 场内

场内是指通过证券交易所内具有相应业务资格的会员单位，利用交易所交易系统办理基金份额申购、赎回和上市交易的场所。通过该等场所办理基金份额的申购、赎回，也称为场内申购、场内赎回。通俗来说，场内交易就是要投资者像交易股票那样在交易所内交易基金。

3. 场外

场外指通过证券交易所系统外的销售机构办理基金份额认购、申购和赎回的场所。通过该等场所办理基金份额的认购、申购、赎回，也称为场外认购、场外申购、场外赎回。比如，投资者在基金销售公司或者通过支付宝、腾讯理财通等渠道申购或赎回基金等，都属于场外交易基金的行为。

4. 基金转换

基金转换是指基金份额持有人按照基金合同和基金管理人届时有效公告规定的条件，申请将其持有的基金管理人管理的某一基金的基金份额转换为基金管理人管理的其他基金基金份额的行为。

例如，投资者持有易方达基金公司的 A 基金，现在申请转换为易方达基金公司的 B 基金，就属于基金转换。通常情况下，这种基金转换的手续费要低于正常的赎回基金再申购基金的费用。

5. 转托管

基金转托管，指基金份额持有人申请将其在某一销售机构交易账户持有的基金份额全部或部分转出并转入另一销售机构交易账户的行为，也可以说，转托管是指同一投资人将托管在一个代销机构的基金份额转出至另一代销机构的业务。

转托管需要投资者在两个基金销售机构开立账户，而且投资者转出的基金单位须为基金账户的可用余额，且每次只能选择一只基金的部分或全部基金单位进行转托管。投资者转出的基金单位一经受理即被冻结，投资者办理转托管时须填写基金份额。

基金转托管的费用通常高于基金转换，其中包括赎回费和申购补差费等。

四、开放式基金与封闭式基金

基金运作方式是指基金在运行和操作过程中采用的工作方式，基金的运作方式主要分为开放式基金和封闭式基金。用通俗的话来为开放式基金和封闭式基金做一下区分，可以这样解释：投资者能否通过一级市场或场外市场随时申购和赎回基金，若能随时申购与赎回，就属于开放式基金；若不能随时申购与赎回，则属于封闭式基金。

1. 开放式基金

开放式基金又称共同基金，是指基金发起人在设立基金时，基金单位或者股份总规模不固定，可视投资者的需求随时向投资者出售基金单位或者股份，并可以应投资者的要求赎回发行在外的基金单位或者股份的一种基金运作方式。

开放式基金是目前市场上的主流基金运作方式。投资者借助基金销售机构或者支付宝、腾讯理财通等移动支付工具随时可以申购或赎回的基金，都属于开放式基金。

当然，开放式基金也并不是所有时间都开放申购与赎回。一般情况下，开放式基金在募集资金结束宣布成立后，都有一段时间的封闭期，这个封闭期相对较短，一般一个月到三个月不等。封闭期结束后会立即转为开放，投资者即可进行申购与赎回操作。

图 1-11 开放申购和赎回的基金

图 1-11 中的博时沪深 300 指数 A 基金的交易状态为：开放申购、开放赎回。这说明投资者可以在交易时间内随时申购与赎回该基金，该基金就属于典型的开放式基金。

2. 封闭式基金

封闭式基金是指基金发行总额和发行期在设立时已确定，在发行完毕后的规定期限内发行总额固定不变的证券投资基金。封闭式基金的投资者在基金存续期间内不能向发行机构赎回基金份额，基金份额的变现必须通过证券交易场所上市交易才能达成。基金单位的流通采取在证券交易所上市的办法，投资者日后买卖基金单位，都必须通过证券经纪商在二级市场上进行竞价交易。投资者若需要交易封闭式基金，需要像交易股票一样在证券公司开户，通过二级市场交易基金。封闭式基金的交易价格一般与基金净值存在一些差异，因其在二级市场交易，必然会受到供求因素的影响而出现一定的浮动。

图 1-12 中的嘉实元和直投封闭混合基金的交易状态为：场内交易。这

说明投资者无法通过基金销售机构申购或赎回基金，只能在二级市场像买卖股票一样交易基金，该基金就属于典型的封闭式基金。

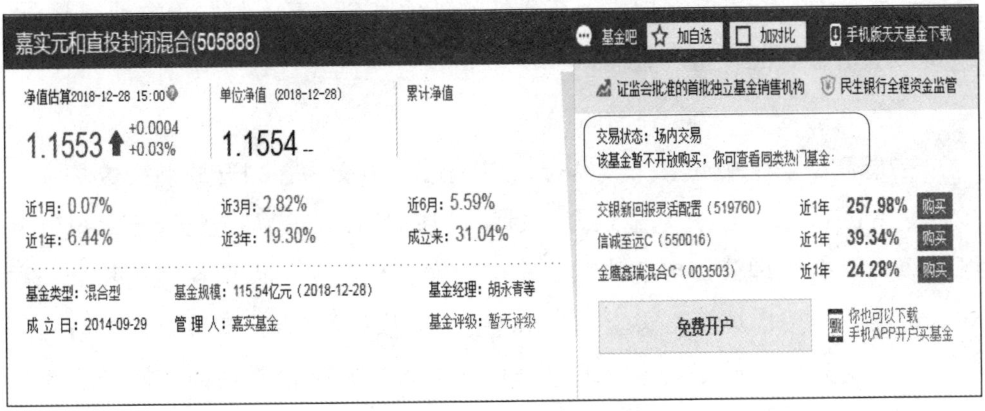

图 1-12　封闭式基金

由于大部分纯封闭式基金的运营业绩并不理想，造成封闭式基金品种越来越少。目前，市场上大部分封闭式基金都是定期开放的封闭型基金或定期封闭型基金，如三年定开型基金或封闭三年后转为开放式的基金品种。在指数型基金中，基本上不存在封闭型基金。

五、股票指数、指数基金、ETF 基金

1. 股票指数

股票指数即股票价格指数，简称股指，是指通过选取一组股票编制计算，用以描述股票市场总体价格水平或某类股票价格水平变化的指标。通常情况下，股市的平均价格指数多是由市场上最具代表性的若干家公司的股票构成的。各大机构编制平均价格指数的目的，也都是为了尽可能直观、准确、真实地反映股市的运行状态。

在我国股市中，受关注最多的指数就是上证指数和深证成指。

2. 指数基金

指数型基金又称为被动型基金，一般选取特定的指数成份股作为投资对象，不主动寻求超越市场的表现，而是试图复制指数的表现。也就是说，被

动型指数基金并不会像主动型基金一样，为了更高的收益而去配置资产，而是按照某一指数的构成及权重来配置资产。与被动型基金相对的是主动型基金，也就是说，市场上除指数型基金外的其他基金，基本都属于主动型基金，如股票型基金、混合型基金。

3.ETF 基金

在指数型基金中，有一类基金可以上市自由交易，即开放型指数基金，也就是 ETF 基金。ETF 基金结合了封闭式基金和开放式基金的特点，投资者既可以向基金管理公司申购或赎回基金份额，同时又可以像封闭式基金一样在二级市场上按市场价格买卖 ETF 份额。不过，投资者向基金公司申请赎回基金时，必须以一篮子股票换取基金份额或者以基金份额换回一篮子股票。由于同时存在二级市场交易和开放式申购赎回机制，投资者可以在 ETF 市场价格与基金单位净值之间存在差价时进行套利交易。

总体来说，指数型基金的走势基本与所复制指数的走势一致，如图 1–13 所示。

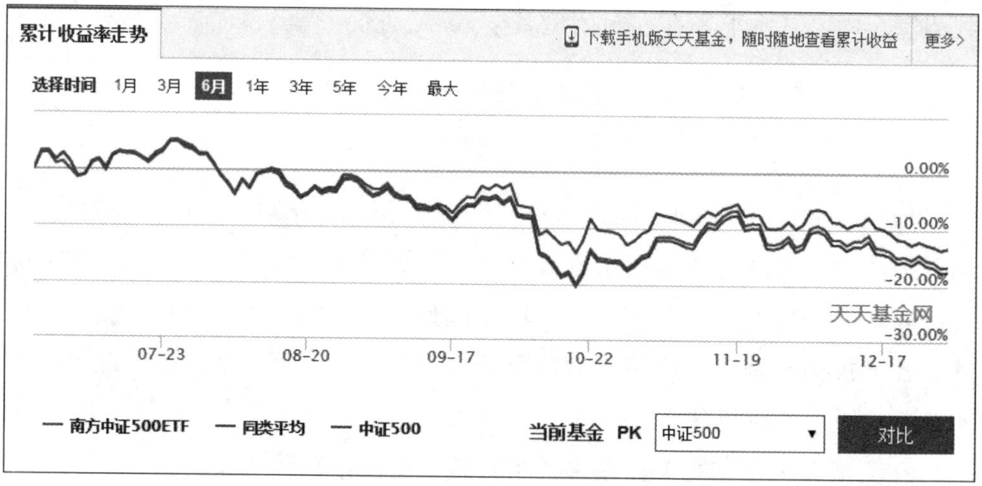

图 1–13 南方中证 500ETF（510500）收益走势图

图 1–13 为南方中证 500ETF 基金的收益走势与同类基金平均走势、中证 500 指数走势的对比图。南方中证 500ETF 基金以复制中证 500 指数走势

为目标，属于典型的被动型基金。

从该基金的历史收益走势图上可以看出，该基金的收益走势与中证 500 指数走势相同，但在熊市期间，该基金的收益水平要略低于同类平均水平。

六、股票型基金、债券型基金、货币型基金、混合型基金、FOF 基金

基金的投资对象在基金审批前就已经确定。通常情况下，基金合同会约定投资对象的范围以及各类投资标的所占基金总额的比例。

1. 股票型基金

股票型基金，是指投资于股票市场的基金。按照最新的基金仓位管理规定，股票型基金所持股票的总仓位必须达到基金资产的 80% 以上。也就是说，股票型基金必须将所募集的资金中的 80% 用于投资股票。

2. 债券型基金

债券型基金，是指主要投资于国债、金融债的基金。相对于股票型基金，债券型基金的收益相对稳定，收益也相对较低，又被称为“固定收益基金”。

有些债券型基金也可投资于股票，根据投资股票比例的不同，可将债券型基金分为纯债基金和偏债基金。也就是说，纯债基金是将所有募集资金投资于债券市场，而偏债基金则是将大部分资金投资于债券，小部分资金投资于股票。

3. 货币型基金

货币型基金，是指主要投资于短期货币工具（一般一年以内，平均周期为 120 天）的基金，如购买国债、央行票据、商业票据、银行定期存单、政府短期债券、企业债券（信用等级较高）、同业存款等。

相比债券基金，货币型基金具有流动性更高、安全性更好的特点，但货币型基金的收益也更低。

4. 混合型基金

混合型基金是指在投资组合中既有成长型股票、收益型股票，又有债券

等固定收益投资的基金。相对于单纯的股票型基金或债券型基金，混合型基金的投资方向更为多元，资产配置也会兼顾收益与资金安全。混合型基金免去了投资者在购买基金时需要同时购买股票型基金和债券型基金才能保障资金安全、兼顾收益的问题。

当然，相对于股票型基金，混合型基金在牛市时的收益相对偏低，但其安全性更好，属于中度风险的理财产品。

5. 基金中的基金（FOF）

FOF 基金是一种以基金为投资标的的基金。这类基金通过筛选市场上的基金，选择合适的投资标的进行投资。

FOF 基金专门投资于各类基金，并间接投资于各类股票、债券、货币工具等。不过，相对于其他基金，FOF 基金的投资标的相对复杂，在牛市时收益要低于股票型基金，但其安全性相对较好。

图 1–14 为华夏聚惠 FOF 基金的持仓情况。从图中可以看出，该基金的持仓均为各类基金品种，由此可见，该基金是一种专门投资于各类基金的基金。

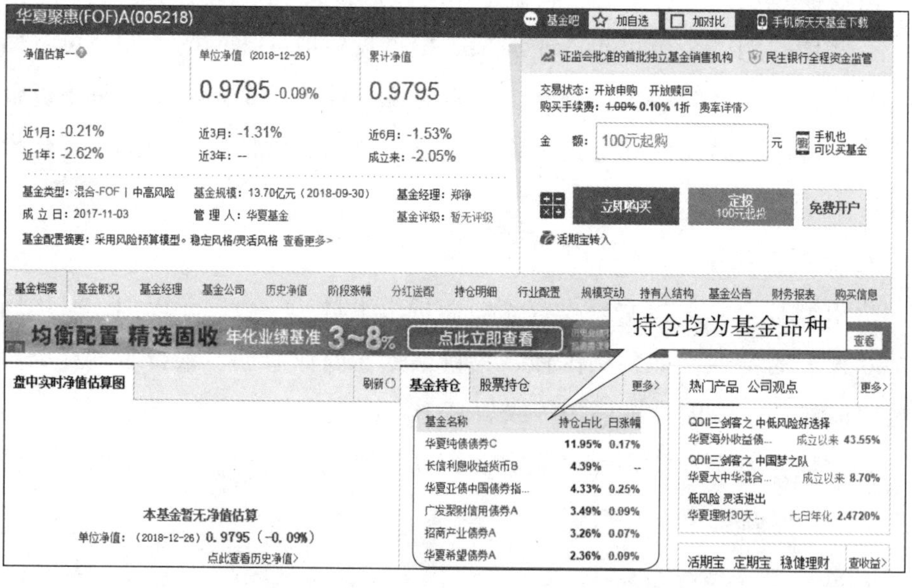

图 1–14　华夏聚惠 FOF（005218）基金

第二章

指数基金的灵魂——指数

如前所述，指数型基金是以标的指数为参照的，因此，指数的设计与统计范围都会对指数的质量和侧重点产生重要的影响。从某种意义上来说，指数的质量和侧重点直接决定了指数基金的质量和收益。

第一节　指数及股票指数体系

指数及股票指数体系，是整个指数型基金的核心。本节重点介绍指数以及股票指数的设计原理。

一、指数以及分类

指数，或称统计指数，是分析社会经济现象数量变化的一种重要统计方法。

1. 指数及其产生

指数是一种表明社会经济现象动态的相对数，运用指数可以测定不能直接相加和不能直接对比的社会经济现象的总动态。比如，最常见的物价指数，就是将人们生活中最需要的若干种商品的价格，按照权重大小汇总计价，从而形成了一个物价指数。通常情况下，我们观察单一商品价格的变化，很难判断物价到底是上涨了还是下跌了，毕竟个别商品的价格受供需影响较大。若反映整体商品价格走势情况的物价指数出现了上涨或下跌，则可以清晰无误地告诉大家物价到底是上涨了还是下跌了。

事实上，最早的指数也是为了反映物价走势情况而产生的。物价指数产生于 18 世纪后半叶，当时由于美洲新大陆开采的金银源源不断地流入欧洲，使得整个欧洲各种商品的价格大幅上涨。不过，尽管社会大众普遍感觉物价出现了上涨，但到底上涨了多大的幅度，还是无法判断。经济学家为了测定物价的变动情况，开始尝试编制物价指数。在编制物价指数的过程中，会涉及一些统计汇总、权重设定等知识。比如，在计算物价指数时，需要将市场上各种商品的价格进行加权汇总，而非简单地将每种商品的价格直接相加。同时，商品的重要程度不同，权重也会有所不同。

此后，指数的编制开始逐渐扩展至其他行业，如产品成本指数、商品销售指数、劳动生产率指数等。

2. 指数的作用

一般来说，指数具有如下几方面的作用。

第一，综合反映现象整体的变动方向和幅度。如前所述，物价指数的上升或下跌可以真实地反映出社会商品价格的变动趋势，也就是人们通常所说的物价是上涨了还是下跌了。当然，物价指数与真实的社会商品价格之间的吻合程度，还要看物价指数的设计质量。比如，若某种商品所占权重过大，而该商品价格变动较大时，就会让人得出整个社会商品价格上涨较快的结论。

第二，测定和分析总体变动中各因素变动的影响大小和影响程度。在指数体系中，会为各类子项目、因素分别设置相应的权重。当指数发生变化时，可以较容易地推算出引发整体变动的主要因素以及影响程度。

第三，研究事物在长时间内的变动趋势。通过追踪一段时间内指数的变化情况，可以分析判断整个事物的变动趋势。比如，物价指数连续走高，可以很容易地判断出整个社会物价水平出现上涨。

3. 指数的种类

根据分类方法的不同，可以将指数分成很多种类。

（1）按照统计对象范围划分：个体指数和总指数。

个体指数，是指反映个别（某一类别）事物变化的相对数。在股市中，经常出现各种概念指数，如华为指数、白酒指数等，就属于个体指数。

总指数，是指反映复杂总体变动的相对数。比如股市中的大盘指数，如上证指数、深证成指、创业板综指等。

（2）按照编制方法的不同划分：综合指数、平均指数和平均指标对比指数。

综合指数是指将多种不能同度量现象的数值，分别改变为能同度量的数值，然后进行对比，以表明事物综合变动的指标。

平均指数是指对个体指数进行加权处理得到的总指数。平均指数包括加权算术平均、简单算术平均等。投资者需要对加权算术平均和简单算术平均两种概念有所了解和区别。简单算术平均，就是对已知的几个数值进行简单的求和平均计算，得出最终的平均数；加权算术平均，是对已知的几个数值根据其重要程度分别赋予一定的权重，然后再进行算术平均计算。也就是说，加权算术平均数的结果不仅与参与计算的具体数值有关，还与其重要程度有关。

平均指标对比指数，是指由两个平均指标对比所形成的指数。该指数与其他指数存在明显的不同，即用于对比的数值均为平均指标，它反映了某一总体在某一平均指标上的综合变动程度和方向，属于典型的质量指标。

二、股票指数及其作用

1. 股票指数

指数型基金取得的收益大小，与所选标的指数密不可分。只有标的指数走出一波高于一波的行情，指数型基金才会获得更高的收益。换句话说，选择指数型基金，最重要的就是选择指数。

股票指数即股票价格指数，简称股指，是指通过选取一组股票编制计算，用以描述股票市场总体价格水平或某类股票价格水平变化的指标。通常情况下，股市的平均价格指数多是由市场上最具代表性的若干家公司的股票构成。各大机构编制平均价格指数的目的，也都是为了尽可能直观、准确、真实地反映股市的运行状态。

在我国股市中，受关注最多的指数是上证指数和深证成指。

上证指数（即“上证综合指数”的简称）是以上海证券交易所挂牌上市的全部股票（包括 A 股和 B 股）为样本，以发行量为权数（包括流通股本和非流通股本），用加权平均法计算，以 1990 年 12 月 19 日为基日，基日指数定为 100 点的股价指数。深证成指是在深圳证券交易所上市的所有股票中抽取具有市场代表性的 40 家上市公司的股票作为计算对象，并以流通股为权数计算得出的加权股价指数。深证成指以1994年7月20日为基日，基日指数定为1000点。自2015年5月20日起，为了更好地反映深圳市场的结构性特点，适应市场进一步发展的需要，深交所对深证成指实施扩容改造，深证成指的样本股数量从40家扩大到500家，以充分反映深圳市场的运行特征。

从上证指数和深证成指的构成可以看出，二者选取的样本股截然不同。相对于深证成指所选择的500家代表性企业，上证指数涵盖的范围更广，特别是在上海证券交易所上市的公司规模更大，涉及的行业更多，因此其反映的股市整体运行趋势与整体的国民经济形势更为吻合。也正因为如此，相比深证成指，上证指数也更被市场人士看重。我们通常所说的大盘，如无特指，一般也都指的是上证指数。

除了反映整个股市走势的大盘指数外，目前各大证券交易机构和证券研究机构还编制了各分类板块的股票价格指数，如创业板指数、食品饮料行业指数等。这些指数对板块之外的股票几乎没有借鉴价值，但对本板块的股票却有重要的指引作用。这些分类板块指数有些抽样选择的是整个板块的股票，有些则是从板块中选择比较有代表性的若干只股票，例如，创业板指数选择的就是在创业板内上市的100家比较有代表性的企业的股票。

2. 股票指数的作用

一般来说，股票指数具有以下三种典型的用途。

第一，真实反映市场的走势情况。指数从第一天创立开始，就被赋予描述市场运行状况的作用。例如，整个股市的大盘指数被用于描述整个市场上所有股票的运行情况，上证指数所起的就是这样一个作用。当投资者想了解股市的涨跌情况时，通过单独的股票很难得出一个相对准确的结论，但有了股票指数就完全不一样了，投资者查看股票指数的涨跌情况，就可以知道整个市场或板块的涨跌情况。

第二，作为一种追踪投资工具而存在。当市场上的投资者越来越能认识到股票指数的作用，越来越多的投资公司和基金公司开始按照指数的构成购买股票，这些基金净值的走势就越会与股票指数保持一致。

第三，作为期货投资标的而存在。从事股指期货投资的投资者都知道，目前国内市场上市的股指期货产品，包括沪深 300 指数股指期货、中证 500 指数股指期货和上证 50 指数股指期货。

三、股票指数的设计程序

目前，股票指数设计机构不仅包括证券交易所，还有其他证券研究机构、证券投资机构等。股票指数的设计一般遵循如下程序，如图 2–1 所示。

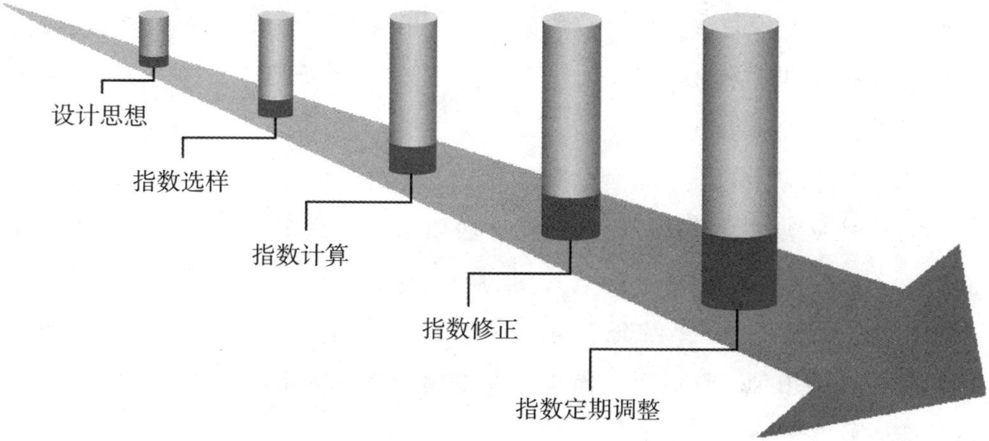

图 2–1　股票指数的设计程序

第一步：指数的设计思想。

编制指数之前，需要明确设计指数的主导思想，即指数要反映哪些领域股票的价格变动情况，如反映整个市场股票的价格变动情况、某一板块内股票的价格变动情况等。

第二步：指数的选样。

指数的样本范围以及所含样本的数量，对编制指数的质量具有重要的影响。指数选样过程中需要明确以下几方面内容。

其一，选样的涵盖范围，即从多大的范围内选择标的。比如编制反映大盘股票价格走势的指数，就需要将选样的范围覆盖至整个股票市场。

其二，明确选样的规则，即采用何种方法从覆盖范围内的对象中选择计算对象。选样规则不同，所选的对象肯定也会有所不同。有的指数要求按市值从大到小排列，有的则按照每股盈利额度排序。当然，有些指数还会规定一定的筛选条件，如将 ST 类股票排除等。

其三，根据选样规则确定入选标的股票。按照选样规则剔除其他股票后，重新对符合要求的股票进行排序，然后按照规则要求确定入选指数的股票。

第三步：股票指数的计算。

每种指数的计算方法都有所不同。在具体计算股票指数时，需要根据每种股票指数的计算方法具体计算股票指数。后面在介绍股票指数时，还会详细介绍每种股票指数的计算方法。

第四步：股票指数的修正。

当指数中的标的股票出现除息、除权、停牌、摘牌、股本变动以及停市时，需要对股票指数进行调整。当然，股票指数的修正方法也因指数的不同而有所不同。例如沪深 300 指数采用的是“除数修正法”，即当某只股票出现需要修正的情况时，系统会自动修正指数计算的除数，原指数计算公式为：修正前的调整市值 / 原除数 = 修正后的调整市值 / 新除数，其中，修正后的调整市值 = 修正前的调整市值 +（–）调整市值。

第五步：指数的定期调整。

由于市场处于不断波动之中，股票市值也在不断变化，大多数股票指数每半年就会对标的股票进行调整，剔除其中不符合指数样本选择标准的股票，增加符合指数样本选择标准的股票。

四、股票指数的分类

目前，市场上常见的股票指数体系，按照不同的分类方法可以分为若干类别。

1. 按照推出指数系列的机构划分

目前，按照推出股票指数体系的机构不同，可以划分为由上海证券交易所推出的上证指数系列，如上证综指、上证 50 指数、上证 180 指数等；由深圳证券交易所推出的深证指数系列，如深证成指、深证 100 指数、创业板指数、中小板指数等；由沪深交易所联合发布的沪深 300 指数等；由中证指数公司开发的中证 100 指数、中证 200 指数等。

2. 按照指数涵盖标的的性质划分

主要包括这样几类：其一，综合指数，如上证综指；其二，成份股指数，如深证成指、上证 180 指数、沪深 300 指数等；其三，行业指数，如商业指数、批发零售指数、房地产指数等；其四，概念板块指数，如上证国有企业改革指数、上证智能家居指数等。其中，综合指数和成份股指数为宽基指数，即指数涵盖的股票跨越多个行业。概念板块或行业板块指数涵盖的股票跨越的行业则少很多，甚至只有唯一的行业。

除了国内市场的股票指数外，投资者还可以通过一些基金销售代理机构购买国外的指数基金，如图 2-2 所示。

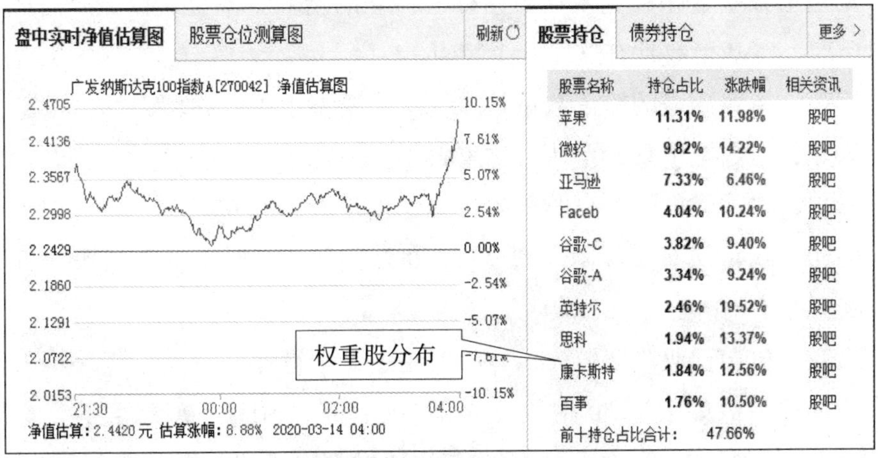

图 2-2　广发纳斯达克 100 指数 A

图 2-2 为广发纳斯达克 100 指数 A 截至 2020 年 3 月 13 日的净值走势和股票持仓数据。从该基金的命名来看，该基金属于对标纳斯达克 100 指数的指数型基金，其持仓的股票也按照纳斯达克 100 指数的权重占比分别持有微软、苹果、亚马逊等公司的股票。

第二节　宽基指数基金与窄基指数基金

从理论上讲，每种股票指数都可以成立对应的指数型基金，且越是被市场广泛认可的股票指数，也会有越多的与之对应的基金品种，如美国股市的标准普尔 500 指数，我国股市中的沪深 300 指数等。

按照指数涵盖投资标的的跨度大小，可以将指数基金分为两类：其一为宽基指数基金，其二为窄基指数基金。

一、宽基指数基金

宽基指数基金是以宽基指数为标的创立的指数型基金。按照美国证券机构的标准，宽基指数具有这样几个特点。

第一，指数涵盖的股票数量较多，一般要多于 10 只股票。

第二，指数中单只股票所占比重较小，不能超过 30%。

第三，权重最大的 5 只股票所占的比重不能超过 60%。

第四，权重股日交易额不低于 5000 万美元（A 股市场上的股票日交易额应该不低于 10 亿元人民币）。

第五，包含行业跨度较大，一般要超过 5 个行业。

常见的指数如上证 50 指数、沪深 300 指数、中证 500 指数等，都属于宽基指数。针对这些指数创建的基金，也同样都属于宽基指数基金，如图 2-3 所示。

从图 2-3 中可以看出，华泰柏瑞沪深 300ETF 基金持仓的 300 只股票涉及的行业跨度非常大，不仅包含了银行金融业、医药行业、白酒行业，还包括了建筑行业等，而且单只股票在这只基金中所占的权重都非常低，这说明该基金属于典型的宽基指数基金。

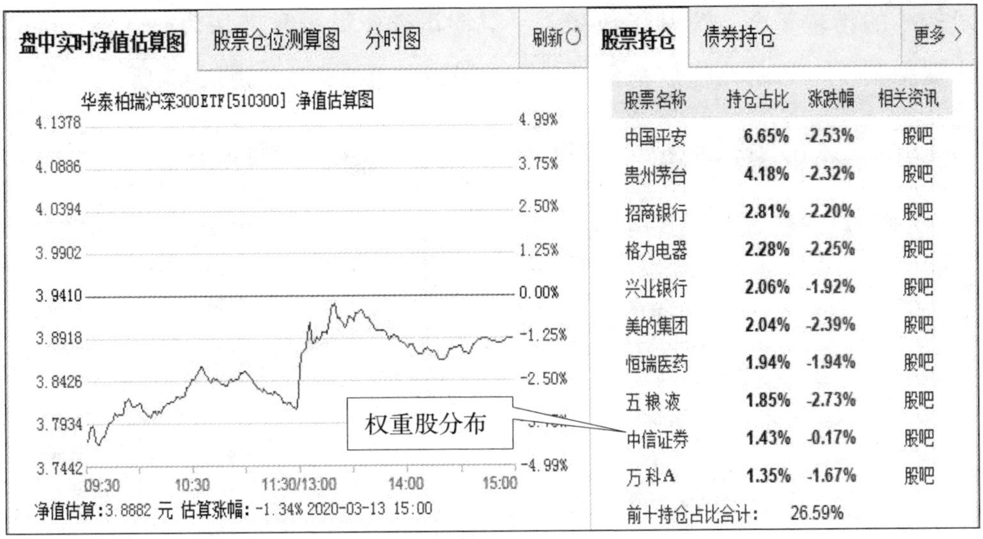

图 2-3 华泰柏瑞沪深 300ETF 基金（2020.3.13）

一般来说，宽基指数基金具有以下几个优点。

第一，可以避免净值大幅波动。由于指数中所含的股票较多，因此，即使个股出现大幅波动，对整个指数的影响相对较小，基金净值走势相对平稳。

第二，抵消“黑天鹅”事件的影响。对于投资者而言，若持有的个股或行业遭遇“黑天鹅”事件，短时间内很可能会出现较大的亏损，而由于宽基指数基金涵盖的行业和个股较多，因此其受到的影响就会小很多。反之，当股市整体向好时，市场上大多数股票都会出现上升势头，此时宽基指数基金净值也会随之上升。

第三，宽基指数基金的本质就是追随国民经济或者某一大类企业（如创业成长类企业）的发展轨迹。从整体上来看，国民经济或某一大类企业的发展肯定是上行的，特别是身处我们这样一个高速发展的国家之中，更是如此，那么，购买宽基指数基金，从长远来看肯定是有利可图的。

二、窄基指数基金

窄基指数基金是与宽基指数基金相对的概念，是指涵盖的股票和行业相对较少的指数基金。窄基指数基金一般特指行业类指数型基金和概念板块类指数型基金，如白酒指数基金、一带一路指数基金等，如图 2–4 所示。

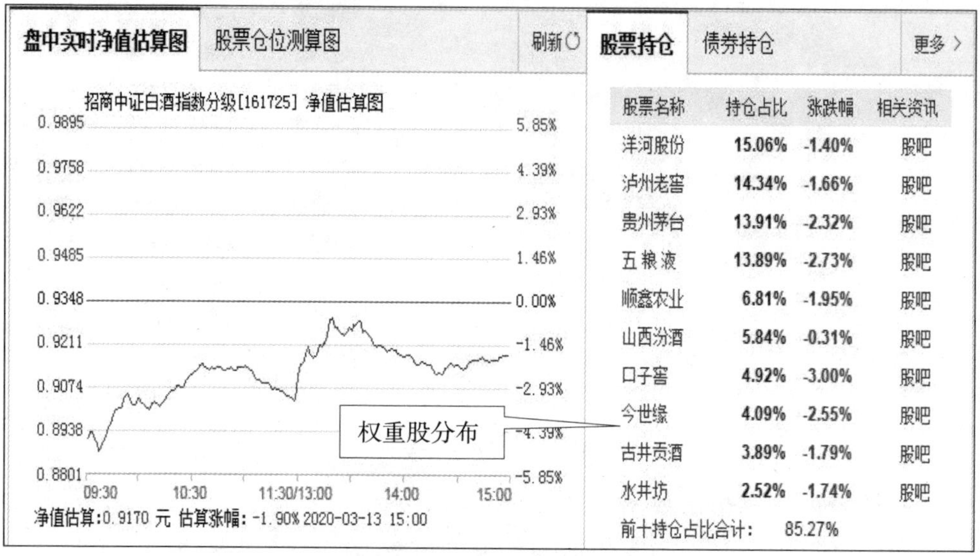

图 2–4　招商中证白酒分级基金（2020.3.13）

图 2–4 为招商中证白酒分级基金的净值走势以及持仓数据。从基金名称可以看出，该基金跟踪的标的为中证白酒指数，其持仓的股票也全部是白酒股。该基金的前十位重仓股合计占比超过 80%，这说明该基金不符合宽基指数基金的特征，是典型的窄基指数基金。

一般来说，窄基指数基金具有如下几个典型特征。

第一，股票涵盖行业比较少，且多为单一行业，如白酒行业、医药行业等，这就使得基金净值走势受行业波动影响较大。

第二，基金净值波动幅度相对较大。由于窄基指数基金包含的股票数量较少，因此，当个股股价出现较大幅度的波动时，基金净值也会随之出现较大幅度的调整。特别是当构成指数的权重股出现较大幅度的波动时，基金净值的波动幅度会进一步加大。

第三，投资者若投资窄基指数基金，需要重点关注基金仓位占比最大的几只股票。毕竟基金净值波动受这几只重仓股的影响较大，若其中一只重仓股遭遇“黑天鹅”事件，投资者可能就会有较大的损失。从某种意义上来说，投资者最好避免基金重仓股中存在个别股票占比超过30%的情况。

第四，很多投资者对某一行业或某类题材的股票比较熟悉或偏爱，窄基指数基金可以为投资者提供这样一个选择该细分领域全部或部分优质股票的机会。

第三节　主流股票指数发布机构及指数体系

目前，市场上主流股票指数的发布机构主要包括两类：其一，具有官方背景（即证券公司）的指数发布机构，包括中证指数有限公司和深圳证券信息有限公司等；其二，具有证券投行背景的指数发布机构，如申银万国基金公司等；其三，独立第三方机构发布的指数，如新闻媒体等。

一、中证指数有限公司：中证指数体系与上证指数体系

中证指数有限公司是具有上交所和深交所背景的企业，其发布的指数具有显著的官方背景。

1. 中证指数有限公司

中证指数有限公司于2005年8月由上海证券交易所和深圳证券交易所共同出资成立，是中国规模最大、产品最多、服务最全、最具市场影响力的金融市场指数提供商。中证指数有限公司的产品主要包括两大类：中证系列指数和上证系列指数。

2. 中证系列指数

中证系列指数是中证指数公司最重要的指数产品，其指数覆盖范围包括沪深两市上市的股票。中证系列指数如表2-1所示。

表 2-1 中证系列指数列表

系列名称	指数名称	成份股数量	指数简要说明
中证规模指数	沪深 300	300	由沪深两市中市值大、流动性好的 300 只股票组成
	中证 100	100	由沪深 300 指数成份股中规模最大的 100 只股票组成
	中证 200	200	由沪深 300 指数成份股中剔除中证 100 指数成份股后的 200 只股票组成
	中证 500	500	由全部 A 股中剔除沪深 300 指数成份股及总市值排名前 300 名的股票后，总市值排名靠前的 500 只股票组成
	中证 700	700	由中证 500 和中证 200 指数成份股组成
	中证 800	800	由中证 500 和沪深 300 指数成份股组成
	中证 1000	1000	由全部 A 股中剔除中证 800 指数成份股后，规模偏小且流动性好的 1000 只股票组成
	中证 A 股	3691	由沪深两市全部 A 股组成，并剔除暂停上市的 A 股
	中证流通	3690	由已经实施股权分置改革、股改前已经全流通以及新上市全流通的沪深两市 A 股股票组成
	中证全指	3486	由全部 A 股股票中剔除 ST、*ST 股票，以及上市时间不足 3 个月的股票后剩余的股票构成
	中证超大	50	从沪深 300 指数样本股中挑选规模最大的 50 只股票组成
中证行业指数			分别对整个市场（全指指数）、沪深 300 指数、中证 800 指数、中证 500 指数范围内的股票按行业进行分类编制的指数
中证风格指数			分别对沪深 300 指数、中证 800 指数、中证 500 指数范围内的股票按成长和价值进行分类编制的指数
中证主题指数			分别对整个市场、沪深 300 指数、中证 800 指数、中证 500 指数范围内的股票按某种主题进行分类编制的指数，如新兴、医药、红利等
中证策略指数			分别对沪深 300 指数、中证 100 指数、中证 200 指数、中证 800 指数、中证 500 指数范围内的股票按基本面、红利、稳定、低波等进行分类
中证海外指数			分别对中证海外（不含台湾）、中证香港 100 指数、中证华股等指数范围内的股票按行业进行分类以及金砖国家、东盟、两岸三地等地的指数
中证债券指数			包括中证全债、国债、金融债等指数
中证基金指数			对市场上的股票型基金、混合型基金、债券基金、可转债基金等进行分类
中证期货指数			对商品、农产品、金属、金融等期货进行分类编制的指数
中证定制指数			根据证券公司或投资机构的要求，设计标准化的指数
中证其他指数			除以上分类之外的其他指数

3. 上证系列指数

上证系列指数是中证指数公司最重要的指数产品，其指数覆盖范围包括沪市上市的股票。上证系列指数如表 2–2 所示。

表 2–2　上证系列指数列表

系列名称	指数名称	成份股数量	指数简要说明
上证规模指数	上证指数	1546	由上海证券交易所上市的全部股票组成，包含 A 股和 B 股
	A 股指数	1497	由全部在上海证券交易所上市的 A 股组成
	B 股指数	49	由全部在上海证券交易所上市的 B 股组成
	上证 50	50	由沪市 A 股中规模大、流动性好的最具代表性的 50 只股票组成
	上证 180	180	由沪市 A 股中规模大、流动性好的 180 只股票组成
	新上证综指	1496	由沪市所有实施股权分置改革的股票组成
	中型综指	491	由沪市按照总股本、总资产与营业收入等指标划分为中型企业的全部股票组成
	上证 380	380	由沪市 A 股中剔除上证 180 指数成份股后，规模适中、成长性好、盈利能力强的 380 只股票组成
	上证 100	100	从上证 380 指数样本股中选取营业收入增长率和净资产收益率综合排名靠前的 100 只股票作为指数样本
	上证 150	150	在上证 180、上证 380 指数成份股之外选择营业收入增长率、换手率综合排名前 150 名的股票作为指数样本
	市值百强	100	从市值管理角度反映上证全指中市值最大、成交最活跃的 100 只股票的整体表现
	超大盘	20	由在沪市上市的具备一定规模和流动性的 20 家超大型上市公司组成
	上证中盘	130	由上证 180 指数成份股中剔除上证 50 指数成份股后的 130 只股票组成
	上证小盘	320	由沪市 A 股中剔除上证 180 指数成份股后，总市值、成交金额综合排名靠前的 320 只股票组成
	上证中小盘	450	由上证中盘指数和上证小盘指数成份股构成
	上证全指	500	由上证 180 和上证小盘指数成份股构成
	上证流通	1496	由全部沪市 A 股组成，未完成股权分置改革、暂停上市的 A 股除外
上证基金指数		206	在上海证券交易所上市的证券投资基金
上证行业指数			分别对整个上证指数、上证 180 指数、上证 380 指数范围内的股票按行业进行分类编制的指数

（续表）

系列名称	指数名称	成份股数量	指数简要说明
上证风格指数			分别对整个上证指数、上证 180 指数、上证 380 指数范围内的股票按成长和价值进行分类编制的指数
上证主题指数			分别对整个上证指数、上证 180 指数、上证 380 指数范围内的股票按某种主题进行分类编制的指数，如新兴、东北振兴、红利等
上证策略指数			分别对上证指数、上证 50 指数、上证 180 指数、上证 380 指数范围内的股票按基本面、红利、稳定、低波等进行分类编制的指数
上证债券指数			包括上证全债、国债、金融债等指数
上证定制指数			根据证券公司或投资机构的要求设计的标准化的指数
上证其他指数			除以上分类之外的其他指数

4. 重点指数产品

在中证指数有限公司推出的诸多指数产品中，沪深 300 指数、中证 500 指数、中证 800 指数、上证 50 指数、上证 180 指数等，都是应用非常广泛的指数产品，后面还会详细介绍。

二、深圳证券信息有限公司：深证指数、国证指数与巨潮指数

深圳证券信息有限公司是深圳证券交易所的全资子公司，成立于 1994 年，是国内最早从事互联网证券信息服务的公司之一，其开发的指数体系深受市场欢迎。

1. 深证系列指数

深证系列指数包括如下几类，如表 2–3 所示。

表 2–3　深证系列指数列表

系列名称	指数名称	成份股数量	指数简要说明
深证规模指数	深证成指	500	由深圳证券市场中市值大、流动性好的 500 只 A 股组成
	成分 B 指	10	由深圳市场规模大、流动性好、最具代表性的 10 只 B 股组成
	中小板指	100	由中小板市场中市值大、流动性好的 100 只 A 股组成
	创业板指	100	由创业板中市值大、流动性好的 100 只股票组成

（续表）

系列名称	指数名称	成份股数量	指数简要说明
深证规模指数	深证 100	100	由深圳证券市场中市值大、流动性好的 100 只股票组成
	深证 300	300	由深圳 A 股市场中规模大、流动性好、最具代表性的 300 只股票组成
	深证 200	200	由深证 300 指数剔除同期深证 100 指数样本股后余下的 200 只股票组成
	深证 1000	1000	由深圳证券市场中市值大、流动性好的 1000 只股票组成
	深证 700	700	由深证 1000 指数剔除同期深证 300 指数成份股后余下的 700 只股票组成
	创业 300	300	由创业板市场中规模大、流动性好、最具代表性的 300 只股票组成
	中小 300	300	由中小板市场中规模大、流动性好、最具代表性的 300 只股票组成
	中创 100	100	在中小板和创业板中选取规模和流动性综合排名前 100 家公司组成样本股
	中创 500	500	由中小板和创业板中规模大、流动性好的 500 只股票组成
	中创 400	400	由中创 500 指数剔除同期中创 100 指数成份股后余下的 400 只股票组成
	中小创新	500	由深证 1000 指数样本股剔除深证成指样本股之后的 500 只股票组成
深证行业指数			分别对整个深市范围内的股票按行业进行分类编制的指数
深证风格指数			分别对深市、深证 700 指数、深证 1000 指数、中小 300 指数、创业 300 指数范围内的股票按成长和价值进行分类编制的指数
深证主题指数			分别对深市、中小板、创业板范围内的股票按某种主题进行分类，如新兴、医药、红利等
深证策略指数			分别对深证指数、深证 100 指数、深证 300 指数、创业板 50 指数（非常受欢迎的一个指数）、中小板指数、创业板指数范围内的股票按基本面、红利、稳定、低波等进行分类编辑的指数
综合指数			包括深市各类综合指数，各行业综合指数等
基金指数			包括乐富指数和深证 ETF 等
定制指数			根据证券公司或投资机构的要求，设计标准化的指数

2. 国证系列指数

国证系列指数的覆盖范围包括了沪深两市，又细分为国证和巨潮两类指数体系，包括如下几类，如表 2–4 所示。

表 2-4　国证系列指数列表

系列名称	指数名称	成份股数量	指数简要说明
国证规模指数	国证 50	50	由沪深 A 股市场中规模大、流动性好的 50 只股票组成
	国证 300	300	由沪深市场中市值规模和流动性综合排名靠前的 300 只 A 股组成
	国证 1000	1000	由 A 股市场中市值大、流动性好的 1000 只股票构成
	国证 2000	2000	由全部 A 股扣除国证 1000 指数样本股后，市值大、流动性好的 2000 只 A 股组成
	巨潮 100	100	由沪深市场中 100 只大盘股组成
	巨潮大盘	200	以国证 1000 指数为样本空间，选取总市值排名在前 200 名的股票
	巨潮中盘	300	以国证 1000 指数为样本空间，选取总市值排名在前 201–500 名的股票
	巨潮小盘	500	以国证 1000 指数为样本空间，选取总市值排名在后 500 名的股票
	巨潮大中盘	500	由巨潮大盘指数样本股与巨潮中盘指数样本股组合而成
	巨潮中小盘	800	由巨潮中盘指数样本股与巨潮小盘指数样本股组合而成
国证行业指数			分别对整个沪深两市、国证 1000 指数范围内的股票按行业进行分类编制而成
国证风格指数			分别对沪深两市、大盘、中盘、小盘范围内的股票按成长和价值进行分类编制的指数
国证主题指数			分别对沪深两市范围内的股票按某种主题进行分类编制的指数，如低碳、消费、农业等
国证策略指数			分别对沪深两市大盘、中盘、小盘范围内的股票按某种主题进行分类编制的指数，如低波、高贝、红利、绩效等
综合指数			包括国证 A 指、国证 B 指等
基金指数			包括国证基金、国证 ETF、股基指数、混基指数、债基指数等
定制指数			根据证券公司或投资机构的要求，设计标准化的指数

3. 重点指数产品

在中证指数有限公司的诸多指数产品中，深证 100 指数、深证 300 指数、创业板 50 指数、国证 1000 指数、国证 2000 指数、巨潮 100 指数等，都是应用非常广泛的指数产品，后面还会详细介绍。

三、申万宏源证券：申万指数体系

申万宏源证券公司由申银万国证券和宏源证券合并而成。申银万国的行业划分体系和指数体系在投资研究领域具有很高的知名度，其指数体系也被广泛地应用。

1. 申万系列指数

申万系列指数包括如下几类，如表 2-5 所示。

表 2-5 申万系列指数列表

系列名称	指数名称	成份股数量	指数简要说明
量化策略指数	价值优势	200	其成份股由 200 只具有“低估+竞争优势”特征的上市公司股票组成
	价值发现	200	由 200 只具有基本面好和估值低的价值特征并且因股价向均值回归而可能相对上涨的上市公司的股票组成
	价值稳健	200	由 200 只具有运营质量高、盈利能力稳健和估值低特征的上市公司股票组成
市场表征	申万 50	50	以 A 股总市值、成交金额最大的 50 只股票为标的
	申万中小板	——	深市中小企业板块上市的全部 A 股
	申万 A 股	——	沪深交易所上市的全部 A 股
	申万创业板	——	深证 300 指数剔除同期深证 100 指数样本股后余下的 200 只股票组成
	申万 300	300	由沪深市场中总市值、成交金额最大的前 300 只 A 股组成
	其他表征		包括基金重仓、基金核心、申万重点、申万制造、申万消费、申万投资、申万服务、申万传媒、养老指数、申万电子等
一级行业指数			分别对整个沪深两市范围内的股票按申万一级行业进行分类编制的指数
二级行业指数			分别对整个沪深两市范围内的股票按申万二级行业进行分类编制的指数
申万 300 行业			分别对申万 300 指数范围内的股票按 22 个行业综合进行分类编制的指数
申万风格指数			包括大盘指数、中盘指数、小盘指数、高市盈率指数、中市盈率指数、低市盈率指数、高市净率指数、中市净率指数、低市净率指数、高价股指数、低价股指数、中价股指数、亏损股指数、绩优股指数、微利股指数、配股指数、活跃指数、新股指数等
定制指数			根据证券公司或投资机构的要求，设计标准化的指数

2. 重点指数产品

在申万宏源证券有限公司发布的诸多指数产品中，申万行业指数受到的关注比较多。

四、其他机构发布的指数

目前，除了上述机构发布的指数外，还有一些其他媒体机构或境外指数公司发布了针对 A 股市场的指数。不过，这些媒体机构发布的指数多为单一指数，并非完整的指数体系。

1. 央视 50 指数与央视 500 指数

中央电视台财经频道联合北京大学、复旦大学、中国人民大学、南开大学、中央财经大学五大院校，以及中国注册会计师协会、大公国际资信评估有限公司等专业机构共同评价遴选，以“成长、创新、回报、公司治理、社会责任”五个维度为基础编制了“央视财经 50 指数”，简称“央视 50”指数。

同时，中证指数公司还与央视财经频道合作推出了央视 500 指数。该指数通过对行业大类分层选样以及固定权重的方式，由规模较大的 500 只股票组成。

2. 腾讯济安指数

腾讯财经频道委托中证指数公司设计的腾讯济安指数，也是一款比较有特色的指数。该指数通过量化策略及专家评审等方法，选取 100 只价值相对低估的股票作为样本股。

3. 百度百发指数

百度百发策略 100 指数，是由中证指数有限公司与百度、广发基金合作推出的一款特色指数。该指数基于综合财务因子、综合动量因子、搜索因子计算综合评分，选取评分最高的 100 只股票作为样本股。

4. 国外指数公司发布的指数

目前，很多国外专业的指数公司都发布了针对 A 股的指数或指数体系。如 MSCI 中国指数、标普道琼斯中国系列指数（包括道琼斯中国 88 指数、道琼斯上海指数、道琼斯深圳指数和道琼斯第一财经中国 600 指数等）、富时中国 A50 指数、中信标普 A 股指数等。

第四节 四维评估与筛选指数

指数型基金都是紧密跟随指数进行建仓和调仓的，因此，指数设计的质量对指数型基金的收益具有重要影响。

通常情况下，评估与筛选指数需要从以下几个维度入手。如图 2-5 所示。

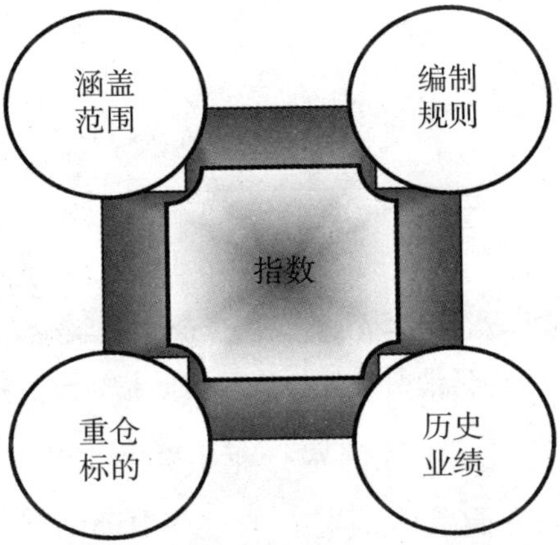

图 2-5 评估与筛选指数的维度

一、指数的涵盖范围

标的股的来源，是关系指数整体质量的重要因素。目前，指数中标的股的来源主要包括三类：其一，整个沪深两市上市的股票，这是覆盖范围最广的一个来源，如沪深 300 指数；其二，某一局部板块或市场上市的股票，这是一种细分领域指向明确的来源，如创业板 50 指数；其三，从某一宽基指数中选择某一部分股票作为候选标的股，如上证 100 指数。

了解指数的涵盖范围有以下几点意义。

第一，指数表现的是某一整体的价格变动趋势和水平，这一整体就是指数所涵盖的范围。通常情况下，整个市场走势与经济形势更为接近，而某一局部板块的指数，则更多地反映该类企业股票的价格变动，这是完全不同的概念。在A股市场上，尽管个别板块的走势与整个市场的走势具有一定的吻合性，但从长远来看，很多板块的涨跌幅度与整个市场还是有很大区别的。如图2-6所示。

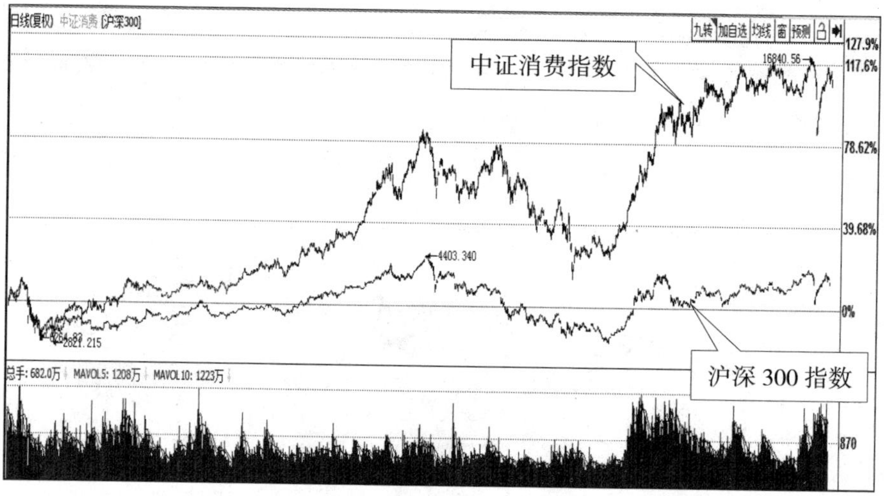

图2-6　中证消费指数与沪深300指数走势对比图

从图2-6中可以看出，中证消费行业指数的走势与沪深300指数的走势比较相似，经常出现同涨同跌的情况。不过，中证消费行业指数的涨幅更大，跌幅更小，且与沪深300指数之间的差距越来越大，说明该板块的表现要优于整体市场。

第二，可以根据个人倾向选择所需目标指数。作为投资者，若对市场了解较少，那么沪深300指数这类基于整体市场的指数往往是不错的选择。若对某一方面了解较多或具有较强的倾向性，可以选择基于某一板块指数的基金产品。

二、指数的编制规则

指数的编制规则是影响指数质量的一个重要因素。指数编制规则不同，设计完成的指数也会有所不同。通常情况下，指数编制规则方面，会在以下几个方面显现出明显的差异。

第一，指数选样的基本策略。通过何种指标对目标候选股票进行筛选，是指数编制过程中非常重要的一环。一般情况下，指数选样方法包括这样几种：其一，市值选择法，即选择市值最高的股票；其二，红利选择法，即选择股息率最高的股票；其三，估值选择法，即选择估值较低的股票（如市盈率最低）等。当然，一些策略指数中，还会提供其他选择股票的策略。

第二，指数的计算规则。不同的指数，其计算规则也会有所不同。比如，有的指数用的是市值加权法计算总市值和最终指数，有的指数使用的是基本面各项指标简单算术平均法计算最终指数。

第三，指数的调整。通常情况下，每隔半年或一年，指数会进行一次定期调整。在调整过程中，有些股票因不能满足指数要求的条件而被剔除，有些股票则会被替补进入指数。

三、指数的重仓标的

指数重仓标的股票价格的运行方向，对指数整体运行方向具有重要的影响，投资者在选择指数时，需要重点了解指数的重仓标的。通常情况下，指数的仓位占比与组成个股的市值具有重要的关系，毕竟个股市值大，其所占整个指数的比重就大。比如，我们经常用到的沪深 300 指数中，市值较大的股票就包括了中国平安、贵州茅台、招商银行等股票。在上证指数中，工商银行、贵州茅台、农业银行、中国石油、中国石化等股票所占比重较大。当这些重仓股出现上涨或下跌时，整个指数也可能会随之上涨或下跌。表 2-6 为上证指数的十大重仓股。

表 2-6 上证指数的十大重仓股

序号	股票代码	股票名称	行业	占总资产净值比例 (%)
1	601398	工商银行	金融地产	4.26
2	600519	贵州茅台	主要消费	3.99
3	601288	农业银行	金融地产	3.27
4	601318	中国平安	金融地产	2.53

（续表）

序号	股票代码	股票名称	行业	占总资产净值比例（%）
5	601857	中国石油	能源	2.47
6	601988	中国银行	金融地产	2.25
7	600036	招商银行	金融地产	2.12
8	601628	中国人寿	金融地产	1.84
9	600028	中国石化	能源	1.32
10	600900	长江电力	公用事业	1.13

从表 2-6 中可以发现，金融、地产等领域的股票占了较大的比重，因此，这两类股票的走势对整个大盘走势具有重要的影响。

四、指数的历史业绩

市场总是处于振荡之中，很难从单一指数的走势看出该指数业绩的好坏，因此，通过与其他指数或基准指数进行对比，是一个不错的方法。目前，大多数股票指数都将沪深 300 指数作为基准指数。

在查看一些指数的历史业绩时，也可以考虑叠加沪深 300 指数进行对比，并借以判断指数的业绩。下面以中证 500 指数和沪深 300 指数的对比图来看一下中证 500 指数的走势情况，如图 2-7 所示。

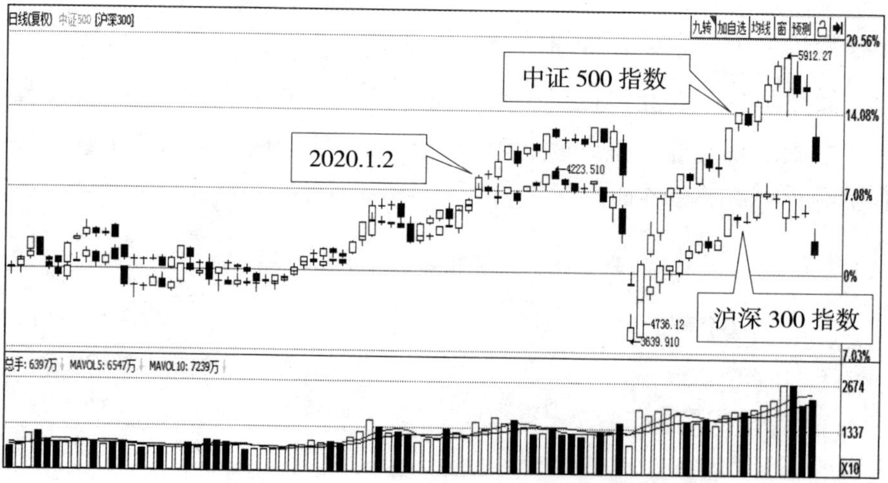

图 2-7　中证 500 指数与沪深 300 指数走势对比图

从图 2-7 中可以看出，中证 500 指数与沪深 300 指数的走势在 2020 年之前的几个月时间内纠缠在一起，这说明两者之间的涨跌幅度相差不大。2020 年 1 月 2 日之后，中证 500 指数的涨幅开始加大，这与进入 2020 年之后科技股的爆发有关，毕竟沪深 300 指数中多为大型企业，其中以金融地产、能源等企业为主，而中证 500 指数中科技企业相对较多。

第三章

宽基指数及主要基金产品

一般来说，宽基指数由于所跨行业众多，也更能够反映社会经济发展的状况，运行态势也更加稳定，因此，很多投资者都选择宽基指数基金产品进行投资。

第一节　沪深 300 指数

沪深 300 指数是目前市场上应用最为广泛的一款指数，跟踪该指数的指数基金也是最受欢迎的一类基金。从历史走势来看，沪深 300 指数是一款走势相对较强的指数。

沪深 300 指数是由上海证券交易所和深圳证券交易所联合发布的，由中证指数有限公司编制，由沪深两个市场中市值较大、流动性较好的 300 只股票组成，是综合反映中国 A 股市场上市股票价格整体表现的一个指数。

沪深 300 指数创立于 2005 年 4 月 8 日，以 2004 年 12 月 31 日作为基日，基日点位为 1000 点。由于沪深 300 指数是由沪深两市联合发布的，因此沪深两市都分别为其赋予了相应的代码：上海证券交易所的代码为 000300，深圳证券交易所的代码为 399300。如图 3–1 所示。

图 3–1 为沪深 300 指数日 K 线走势图。从图中可以看出，沪深 300 指数在十余年的振荡运行中，曾经随着整个股市的涨跌创出了若干个高点和低点。到 2019 年年初，尽管股市经历了较长时间的下跌，沪深 300 指数的点位仍然超过了 3000 点，这说明相比沪深 300 指数创立时的点位，该指数仍有 200% 以上的涨幅。

目前，以沪深 300 指数为追踪标的的指数基金品种非常多，表 3–1 列出了部分基金品种的名称，仅供参考。

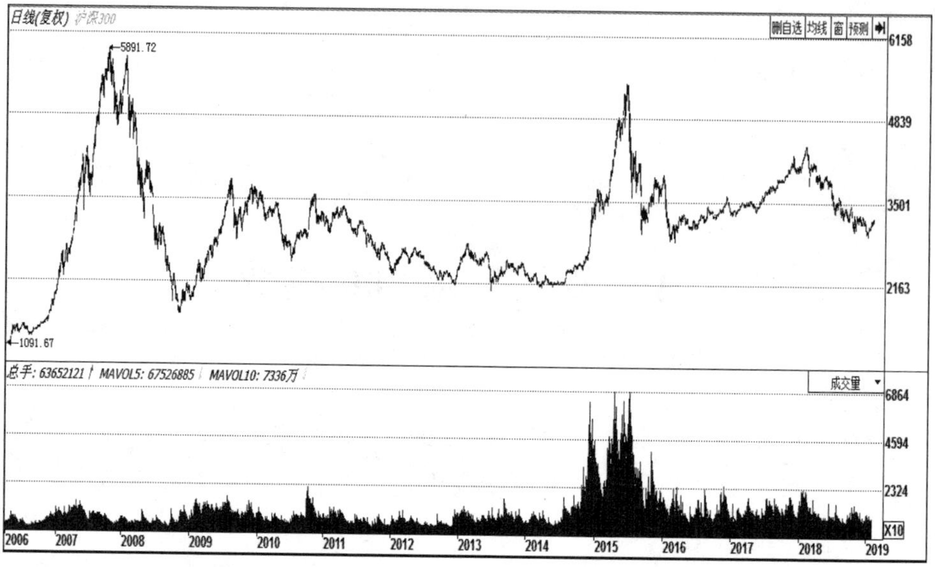

图 3–1 沪深 300 指数（000300）日 K 线走势图

表 3–1 以沪深 300 指数为追踪标的的指数基金产品

类别	基金名称	基金公司	基金经理	成立时间
指数型基金	博时沪深 300 指数基金	博时基金	桂征辉	2003.8.26
	大成沪深 300 指数基金	大成基金	张钟玉	2006.4.6
	工银沪深 300 指数基金	工银瑞信	刘伟琳	2009.3.5
	鹏华沪深 300 指数基金（LOF）	鹏华基金	张羽翔	2009.4.3
	汇添富沪深 300 指数基金	汇添富	董瑾	2017.9.6
	兴全沪深 300 指数基金	兴全基金	申庆	2010.11.2
	农银沪深 300 指数基金	农银汇理	宋永安	2011.4.12
增强型指数基金	嘉实沪深 300 指数研究增强	嘉实基金	龙昌伦	2014.12.26
	泰达宏利沪深 300 指数增强	泰达宏利	刘洋	2010.4.23
	华宝沪深 300 指数增强	华宝基金	徐林明	2016.12.9
	招商沪深 300 指数增强	招商基金	王平	2017.2.10
ETF 基金	南方沪深 300ETF	南方基金	罗文杰	2013.2.18
	平安沪深 300ETF	平安基金	成钧	2017.12.25
	工银瑞信沪深 300ETF	工银瑞信	刘伟琳	2019.5.20
	华安沪深 300ETF	华安基金	许之彦	2019.12.23

（续表）

类别	基金名称	基金公司	基金经理	成立时间
ETF 联接基金	易方达沪深 300ETF 联接	易方达	余海燕	2009.8.26
	天弘沪深 300ETF 联接	天弘基金	张子法	2018.4.24
	广发沪深 300ETF 联接	广发基金	刘杰	2016.7.6

一、沪深 300 指数的编制

编制沪深 300 指数时，选择了沪深两市中最具代表性的规模最大、流通性最好的股票，因此，指数在选样和计算方面都有特殊的要求。

1. 沪深 300 指数的选样

沪深 300 指数的选样，主要包括以下几个环节。

第一步：剔除不符合要求的股票，包括财务造假、存在违法违规事件的股票；ST、*ST、暂停上市股票；创业板上市不满三年的股票。

第二步： 获取指数覆盖范围内各只股票一年内的日均成交额与日均总市值，新股从上市的第四个交易日开始计算。沪深 300 指数对成交活跃度非常关注，有些股票市值很高，但成交额不高，也无法获得更高的权重。

第三步：对最近一年内 A 股日均成交额由高到低进行排名，并剔除排名后 50% 的股票。

第四步：对剩余股票在一年内的日均总市值进行排名，选取前 300 名作为样本股票。

2. 沪深 300 指数的计算方法

前面介绍过，指数反映的是一种价格的相对变化，因此，指数的计算需要这样几个数值：基期市值、当前市值和基准点数。即：

指数数值 = 当前市值 / 除数 × 基准点数

沪深 300 指数的基准点数为 1000 点。

上述公式是计算所有指数通用的计算公式，各种指数之间的差异主要是市值计算方法上存在不同。比如，正常情况下，当前市值应该是每只股票的市价与股本数乘积之和，而沪深 300 指数在计算过程中则有所不同。在 A 股市场上，有很多股票的股份是暂时不能上市流通的，这就是所谓的非流通股份，沪深 300 指数在计算股本数时，采用了分级靠档的方法来计算，其计算标准如表 3–2 所示。

表 3–2 分级靠档计算表

自由流通股份占比	低于 15%	15% ～ 20%	20% ～ 30%	30% ～ 40%	40% ～ 50%	50% ～ 60%	60% ～ 70%	70% ～ 80%	80% ～ 100%
加权比例	上调至最接近的整数	20%	30%	40%	50%	60%	70%	80%	100%

比如，某只股票的流通股本占总股本的比例为 82%，那么，在计算时，会按照 100% 的比例将股本总数全部计入指数。某股票的流通股本占总股本的比例为 6.3%，则会将总股本的 7% 计入指数；若股票的流通股本占总股本的比例为 55%，则会将总股本的 60% 计入指数。

当然，关于流通股本的算法也是需要关注的，这里的非流通股本并不专指限制流通的股份，还包括以下四类股份。

第一，企业创建者及一致行动人持有的股份。

第二，国有股份。

第三，战略投资者持有的股份。

第四，员工持股计划持有的股份。

3. 沪深 300 指数的调整

沪深 300 指数每半年审核一次，需要调整标的股时，采用除数修正法对指数进行调整。除数修正法，是美国道琼斯指数在 1928 年创造的一种计算股价平均数的方法。该修正法的核心是求出一个常数除数，以修正因股票分割、增资、发放红股等因素造成股价平均数的变化，以保持股价平均数的连续性和可比性。

具体做法是以调整后的总市值除以调整前的指数，求出新的除数，再以计算期的总市值除以新除数，得出修正后的指数。其公式如下：

$$\frac{\text{修正前的市值}}{\text{旧除数}}=\frac{\text{修正后的市值}}{\text{修正后的除数}}$$

则：

$$\text{新除数}=\frac{\text{修正后市值}\times\text{旧除数}}{\text{修正前市值}}$$

最初的旧除数可以用基准日样本范围内股票的调整市值来计算。下面来看一下股票市值调整的例子。

比如，沪深 300 指数在 2004 年 12 月 31 日的样本股票调整市值为 50 万亿元，基准点数为 1000 点，其计算方法为：

初始点数 = 调整市值 / 旧除数（调整市值）× 1000

=1000 点

半年后，沪深 300 指数的总市值已经上升为 55 万亿元，则其点数为：

实时指数 =55 万亿 /50 万亿 × 1000

=1100 点

若当日需要对沪深 300 指数进行调整，且调整后的沪深 300 指数的总市值变为 60 万亿元，则：新除数 =（60 万亿 × 50 万亿）/55 万亿

=54.54 万亿

这样，调整后的指数点位仍为：

调整后的指数 = 调整后的总市值 / 新除数

=60 万亿 /54.54 万亿

=1100 点

这样，尽管样本总市值发生了变化（非因交易原因造成股价变化引起的市值变化），但指数的点数并未变化。以后再需要调整指数时，54.54 万亿就变成了旧除数。

二、沪深 300 指数的权重股

沪深 300 指数覆盖的行业包括如下几类，如图 3–2 所示。

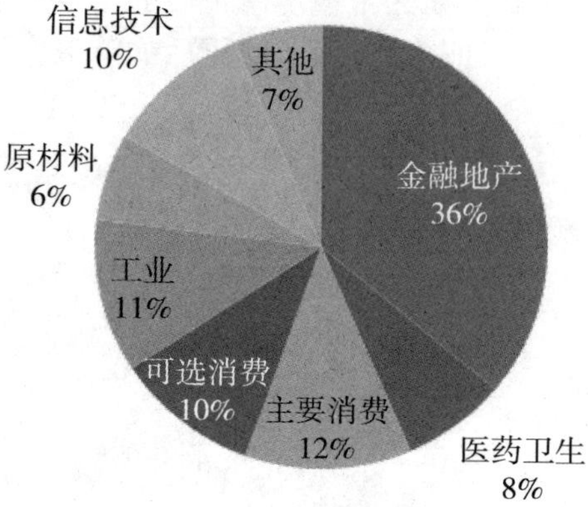

图 3–2　沪深 300 指数的行业分布图

从图 3–2 中可以看出，金融地产行业和消费品行业属于沪深 300 指数的主要布局行业，这两个行业也是大盘股、蓝筹股频出的行业。

下面再来看一下沪深 300 指数中权重最大的十只个股，如表 3–3 所示。

表 3–3　沪深 300 指数十大重仓股

代码	简称	行业	权重（%）
601318	中国平安	金融地产	6.35%
600519	贵州茅台	主要消费	4.00%
600036	招商银行	金融地产	2.66%
000651	格力电器	可选消费	2.15%
600276	恒瑞医药	医药卫生	1.96%
000333	美的集团	可选消费	1.94%
601166	兴业银行	金融地产	1.90%
000858	五粮液	主要消费	1.77%
600030	中信证券	金融地产	1.39%
600887	伊利股份	主要消费	1.33%

（资料来源：中证指数，截至 2019 年 12 月 31 日）

从表 3–3 中可以看出，金融地产类股票在沪深 300 指数中占据了较大的权重，这类股票的涨跌会对整个指数的走势产生重要影响。同时，沪深 300

指数中重仓股所占的权重会随着股价的波动发生变化，因此，表 3–3 中前十大重仓股的排名也不是一成不变的。

三、沪深 300 指数的特点

沪深 300 指数具有以下四个特点。

第一，市值比较大。构成沪深 300 指数的 300 只个股的市值总额占沪深两市总市值的 60% 左右。也就是说，沪深 300 指数的走势在很大程度上会影响整个股市的运行。

第二，分布比较广。构成沪深 300 指数的 300 只个股分布在相对较为广泛的行业。不过，由于沪深 300 指数中的 300 只个股均为市值较大的蓝筹股，因此，金融股（包括银行、证券、保险等行业）在整个指数中占比较重，其次为工业股票和大消费类股票。

第三，整体市盈率较低，具有较佳的投资价值。由于沪深 300 指数标的股中的蓝筹股较多，市盈率普遍较低，未来上涨空间较大，因此其投资价值较大。

第四，与宽基指数的特点相同。由于沪深 300 指数中的标的股票较多，因此，当个股出现大幅下跌时，整个指数受到的影响相对较小。

四、基于沪深 300 指数的基金

目前市场上以沪深 300 指数为跟踪标的的基金产品较多，自 2003 年第一只以沪深 300 指数为标的的指数基金——博时裕富沪深 300A 成立，至今已经有几十只以沪深 300 指数为跟踪标的的指数型基金。

1. 基于沪深 300 指数的典型基金

基于沪深 300 指数的基金，是目前市场上品种数量最多的品类，截至 2020 年 3 月初，已经有一百多只基金品种，其中又可以细分为这样几类。

第一，沪深 300 指数基金，即标准的场外交易的指数型基金。基金的仓位一般在 95% 左右（需要留足 5% 以应对投资者的赎回），因此，其业绩会与沪深 300 指数稍有差异，如东吴沪深 300 指数型基金。

第二，沪深 300 指数 ETF 基金，即可以上市交易的开放型指数基金。该基金的仓位可达到 100%，其基金收益与沪深 300 指数走势基本一致，如天弘沪深 300ETF 基金。

第三，沪深 300ETF 指数联接基金。以沪深 300ETF 基金为投资对象的基金，其仓位一般在 95% 左右，因此，其业绩会与沪深 300 指数稍有差异。另外，由于其投资对象为 ETF 基金，投资者购买该类基金，相当于多支付了一次基金管理费用。如工银瑞信沪深 300 交易型开放式指数证券投资基金联接基金。

第四，沪深 300 指数增强型基金。即以沪深 300 指数为核心，并进行一定的调整和组合，以求实现超越指数业绩的目标。沪深 300 指数增强型基金的业绩与沪深 300 指数会有一定的差距，若基金经理操作得当，其业绩表现可能优于沪深 300 指数，如华安沪深 300 增强型指数基金。

2. 基于沪深 300 指数基金的特点

这类基金往往具有以下特点。

第一，基金净值的波动与沪深 300 指数的波动基本一致。

下面来看一下嘉实沪深 300ETF 联接 A 的净值走势，如图 3-3 所示。

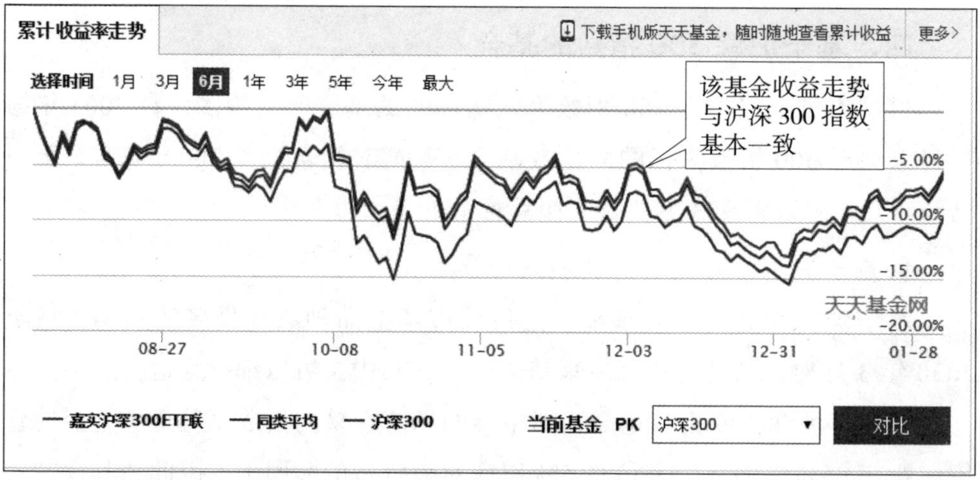

图 3-3　嘉实沪深 300ETF 联接 A 与沪深 300 指数走势

从图 3-3 中可以看出，嘉实沪深 300ETF 联接 A 的累计收益率走势与沪深 300 指数的走势基本吻合，这说明该基金基本达到了追踪沪深 300 指数的目标。从某种意义上来讲，指数型基金追求的效果就是努力实现收益水平与追踪标的一致。

第二，在一些由权重股主导的行情中，表现往往比较优异。通常情况下，熊市持续较长时间后，市场普遍比较悲观，一些中小盘股很难掀起较大的行情，这时权重股会起到带领市场走出低谷的作用。牛市的第一阶段，往往都是权重股引导整个行情的发展，因此该阶段沪深 300 指数基金的表现会好于市场中其他股票型基金。当然，在牛市中后期，中小盘股票会出现更大幅度的上攻。

第二节 上证 50 指数

上证 50 指数是由中证指数公司编制，上海证券交易所发布的一款反映上海证券交易所上市的优质大型企业股票整体走势情况的指数。上证 50 指数由上海证券交易所中规模最大、流通性最好的 50 只股票构成，以 2003 年 12 月 31 日为基准日，基点为 1000 点，2004 年 1 月 2 日正式发布，其走势情况如图 3-4 所示。

图 3-4 为上证 50 指数日 K 线走势图。从图中可以看到，上证 50 指数在十余年的振荡运行中，曾经随着整个股市的涨跌创出了若干个高点和低点。到 2020 年年初，尽管股市经历了较长时间的下跌，上证 50 指数的点位依然在 3000 点左右，相比上证 50 指数创立时的点位，仍有 200% 以上的涨幅。

在市场上，从某种意义上来说，上证综指是代表上海证券交易所内股票整体走势的指数，能够反映市场的整体走势情况。事实上，随着新股的不断发行，综合指数的上升并不能反映整体市场的变化情况。也就是说，上证指数的上升，其中很大一部分是基于新股扩容而引发的，并非内部股票价格出现了上涨。从这个意义上来说，成分指数也许是更能准确反映市场变化的指数。上海证券交易所上市的企业中，国有大型企业较多，因此，上证 50 指数相对来说更能反映市场的真实走势情况。

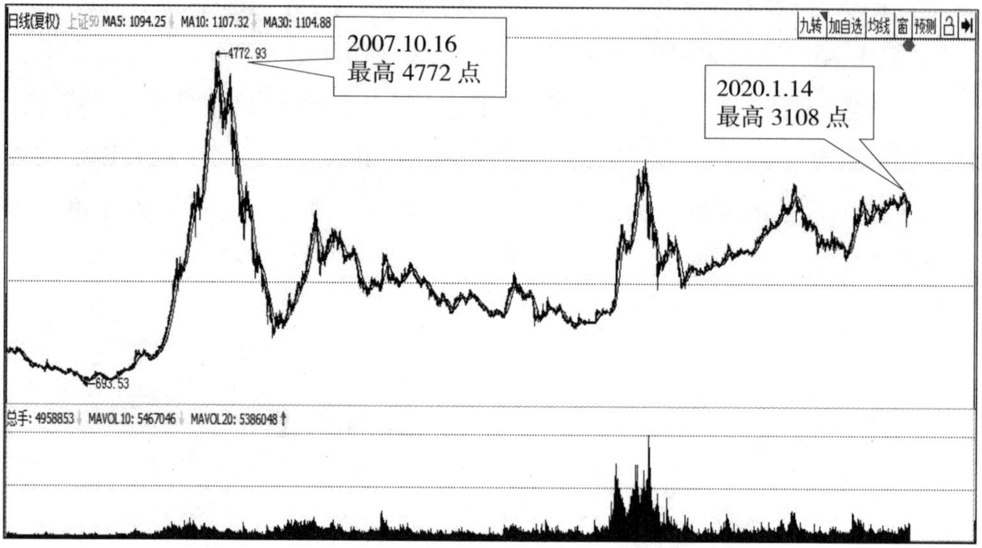

图 3-4　上证 50 指数（000016）日 K 线走势图

目前，以上证 50 指数为追踪标的的指数基金品种也非常多，表 3-4 列出了部分基金品种的名称，仅供参考。

表 3-4　以上证 50 指数为追踪标的的指数基金产品

类别	基金名称	基金公司	基金经理	成立时间
指数型基金	易方达上证 50 指数基金	易方达	张胜记	2004.3.22
	天弘上证 50 指数基金	天弘基金	陈瑶	2015.7.16
	东财上证 50 指数基金	东财基金	吴逸	2019.12.3
增强型指数基金	国金上证 50 指数增强	国金基金	宫雪	2015.5.27
	中海上证 50 指数增强	中海基金	彭海平	2010.3.25
ETF 基金	建信上证 50ETF	建信基金	薛玲	2017.12.22
	万家上证 50ETF	万家基金	杨坤	2013.10.31
	华夏上证 50ETF	华夏基金	张弘弢	2004.12.30
	申万菱信上证 50ETF	申万菱信	龚丽丽	2018.9.3

（续表）

类别	基金名称	基金公司	基金经理	成立时间
ETF 联接基金	博时上证 50ETF 联接	博时基金	赵云阳	2015.5.27
	华夏上证 50ETF 联接	华夏基金	徐猛	2018.3.8
	易方达上证 50ETF 联接	易方达	余海燕	2019.9.9
	工银上证 50ETF 联接	工银瑞信	赵栩	2018.12.25

一、上证 50 指数的编制

编制上证 50 指数时，是选择上海证券交易所中最具代表性的、规模最大、流通性最好的股票，因此，上证 50 指数在选样和计算方面都有特殊的要求。

1. 上证 50 指数的选样

上证 50 指数的选样与沪深 300 指数明显不同，该指数的选样范围控制在上证 180 指数范围之内，即在上证 180 指数内，选择总市值最大、成交额最大的 50 只股票，而上证 180 指数的选样主要包括这样几个环节。

第一步：在上海证券交易所上市的股票中，剔除不符合要求的股票，包括财务造假、存在违法违规事件的股票；上市不足一个季度的股票（除非该股票日均总市值能排进沪市前 18 名）；暂停上市的股票。

第二步：获取指数覆盖范围内各只股票一年内的日均成交额与日均总市值，分别按照上述两项指标排名，并将两项排名相加，获得综合排名。

第三步：按行业汇总流通市值，并分配指标配额。即

行业配额数 = 行业流通市值 / 样本空间总的流通市值 ×180

第四步：按各行业分配的配额，选择排名靠前的股票。

第五步：对各行业所选股票进行调整，确保指数样本总股票数为 180 只。

上证 50 指数的选样就是在这 180 只股票中再选择总市值最大、成交额最大的 50 只股票。

2. 上证 50 指数的计算方法

上证 50 指数的计算方法与沪深 300 指数基本相同，即：

指数数值 = 当前调整市值 / 除数 × 基准点数

除数获取的方法同沪深 300 指数。

上证 50 指数的基准点数为 1000 点。

调整市值的计算方法与沪深 300 相同，即以分级靠档法计算。

二、上证 50 指数的权重股

上证 50 指数覆盖的行业包括如下几类，如图 3-5 所示。

从图 3-5 中可以看出，金融地产行业和消费品行业属于上证 50 指数的主要布局行业，且金融地产行业所占的份额要远远高于沪深 300 指数中所占的份额，也就是说，金融地产股票的走势对上证 50 指数的影响更大。

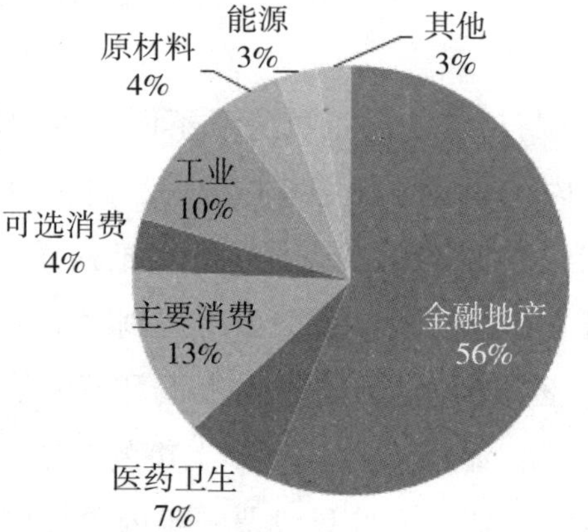

图 3-5 上证 50 指数的行业分布图

下面再来看一下上证 50 指数中权重最大的十只个股，如表 3-5 所示。

表 3-5　上证 50 指数十大重仓股

代码	简称	行业	权重（%）
601318	中国平安	金融地产	15.27%
600519	贵州茅台	主要消费	9.63%
600036	招商银行	金融地产	6.4%
600276	恒瑞医药	医药卫生	4.72%
601166	兴业银行	金融地产	4.56%
600030	中信证券	金融地产	3.34%

（续表）

代码	简称	行业	权重（%）
600887	伊利股份	主要消费	3.2%
601328	交通银行	金融地产	2.59%
600016	民生银行	金融地产	2.57%
601288	农业银行	金融地产	2.37%

（资料来源：中证指数，截至 2019 年 12 月 31 日）

从表 3–5 中可以看出，金融地产类股票在上证 50 指数中占据了相当大的比重，这类股票的涨跌会对整个指数的走势产生重要的影响。同时，上证 50 指数的重仓股中，中国平安、贵州茅台又是绝对的重仓股。大家知道，这两只股票一直都是绩优股的代名词，业绩具有极强的稳定性和可持续性，因此该指数长期向上的动能较为充沛。

三、上证 50 指数的特点

上证 50 指数具有以下四个特点。

第一，市值比较大。构成上证 50 指数的 50 只个股的市值总额非常高，对整个股市的运行具有重要的指引作用。通常情况下，当该指数出现上行或下跌时，整个市场很可能会随之而动。

第二，分布比较广。构成上证 50 指数的 50 只个股分布相对较为集中，特别是金融地产股票，占据了超过半数的份额，这与该行业中银行股较多且盘子较大有关。大家知道，银行股尽管业绩较好，但由于盘子过大，很少有资金炒作银行股，这就使得银行股的波动相对稳定，不宜出现暴涨暴跌的走势。

第三，整体市盈率较低，具有较佳的投资价值。上证 50 指数成份股中的蓝筹股较多，市盈率普遍较低，未来的上涨空间较大。特别是随着价值投资理念越来越深入人心，该指数的走势有望向好。

第四，与宽基指数的特点相同。由于上证 50 指数中的标的股票较多，因此，当个股出现大幅下跌时，整个指数受到的影响相对较小。当然，若中国平安、贵州茅台等超级权重股出现问题时，该指数也会受到较大的影响。

四、基于上证50指数的基金

目前市场上以上证50指数为跟踪标的的基金产品较多，自2004年易方达上证50指数基金成立，至今已经有二十几只以上证50指数为跟踪标的的指数型基金。

1. 基于上证50指数的典型基金

基于上证50指数的基金，是目前市场上品种数量较多的品类之一。与沪深300指数基金类似，基于上证50指数的基金也包括如下几类。

第一，上证50指数基金，即标准的场外交易的指数型基金。上证50指数基金的仓位一般在95%左右（需要留足5%以应对投资者的赎回），因此，其业绩会与上证50指数稍有差异，如易方达上证50指数型基金。

第二，上证50指数ETF基金，即可以上市交易的开放型指数基金。该基金的仓位可达到100%，其基金收益与上证50指数走势基本一致，如华夏上证50ETF基金。

第三，上证50指数ETF联接基金。以上证50ETF基金为投资对象的基金，其仓位一般在95%左右，因此业绩会与上证50指数稍有差异。另外，由于其投资对象为ETF基金，投资者购买该类基金，相当于多支付了一次基金管理费用。如博时上证50交易型开放式指数证券投资基金联接基金。

第四，上证50指数增强型基金。即以上证50指数为核心，并进行一定的调整和组合，以求实现超越指数业绩的目标。上证50指数增强型基金的业绩与上证50指数会有一定的差距，若基金操作得当，其业绩可能优于上证50指数，如中海上证50增强型指数基金。

2. 基于上证50指数基金的特点

这类基金往往具有如下特点。

第一，基金净值波动与上证50指数的波动完全一致。紧密跟随指数是指数型基金的主要目标，因此，这些指数型基金的收益与标的指数的走势基本吻合。

第二，鉴于上证 50 指数由上海证券交易所上市的 50 个大型企业的股票组成，且金融地产股票占据绝对的优势，因此，这类股票的走势对指数和基金的收益具有重要的影响。在实际操作中需要与沪深 300 指数进行对比，如图 3-6 所示。

图 3-6　易方达上证 50 指数基金与沪深 300 指数走势对比图

从图 3-6 中可以看出，易方达上证 50 指数基金与沪深 300 指数在大多数时间内呈现同涨同跌的走势，不过，从长期来看，易方达上证 50 指数基金的上升幅度更大，这与上证 50 指数中中国平安、贵州茅台所占权重较大有直接的关系。最近几年，贵州茅台的涨幅处于较高水平，这都促使易方达上证 50 指数基金的走势强于沪深 300 指数。

第三，与其他宽基指数相比，上证 50 指数包含的股本数量较少，且其中绩优股占据了较大的仓位，这就使得上证 50 指数受这些权重股走势的影响更大。

第三节　深证 100 指数

深证 100 指数由深圳证券交易所中规模最大、流通性最好的 100 只股票构成，以 2002 年 12 月 31 日为基准日，基点为 1000 点，由深圳证券交易所委托深圳证券信息有限公司编制，并于 2006 年 1 月 24 日发布，其走势情况如图 3-7 所示。

图 3-7　深证 100 指数（000016）日 K 线走势图

图 3-7 为深证 100 指数日 K 线走势图。从图中可以看出，深证 100 指数在十余年的振荡运行中，曾经随着整个股市的涨跌创出了若干个高点和低点。到了 2020 年 2 月底的时候，尽管股市经历了较长时间的下跌，深证 100 指数的点位仍在 4790 点左右，相比于深证 100 指数创立时的点位，还有 400% 的涨幅。这也说明在过去的时间里，深证 100 指数的走势要强于上

证 50 指数和沪深 300 指数。

目前，以深证 100 指数为追踪标的的指数基金品种非常多，表 3–6 列出了部分基金品种的名称，仅供参考。

表 3–6 以深证 100 指数为追踪标的的指数基金产品

类别	基金名称	基金公司	基金经理	成立时间
指数型基金	融通深证 100 指数基金	融通基金	何天翔	2003.9.30
	招商深证 100 指数基金	招商基金	侯昊	2010.6.22
	国投瑞银深证 100 指数基金	国投瑞银	赵建	2015.8.14
增强型指数基金	建信深证 100 指数增强	建信基金	梁洪昀	2012.3.16
ETF 基金	易方达深证 100ETF	易方达	成曦	2006.3.24
	工银瑞信深证 100ETF	工银瑞信	赵栩	2019.12.19
	招商深证 100ETF	招商基金	刘重杰	2019.11.7
	银华深证 100ETF	银华基金	张凯	2019.6.28
ETF 联接基金	方正富邦深证 100ETF 联接	方正富邦	吴昊	2019.1.24
	易方达深证 100ETF 联接	易方达	成曦	2017.6.2

一、深证 100 指数的编制

编制深证 100 指数时，选择的是深圳证券交易所中最具代表性、规模最大、流通性最好的股票，因此，深证 100 指数在选样和计算方面都有特殊的要求。

1. 深证 100 指数的选样

深证 100 指数的选样与上证 180 指数相似，即在深圳证券交易所上市的股票范围内，选择总市值最大、成交额最大的 100 只股票。其选样主要包括这样几个环节。

第一步：在深圳证券交易所上市的股票中，剔除不符合要求的股票，包括财务造假、存在违法违规事件的股票；上市不足 6 个月的股票（除非该股票日均总市值能排进深市前 1%）；ST、*ST、暂停上市的股票。同时要求考察期内股价无异常波动，最近一年经营无异常、无重大亏损。

第二步：获取指数覆盖范围内各只股票一年内的日均成交额与日均总市值。

第三步：首选按照日均成交额进行排名，剔除排名靠后的10%的股票。

第四步：对剩余的股票重新按照总市值进行排名，选取排名前100名的股票。

2. 深证100指数的计算方法

深证100指数的计算方法如下：

$$\text{最新指数}=\text{前一交易日指数}\times\frac{\sum\text{样本股实时股价}\times\text{样本股权数}}{\sum\text{样本股前日收盘价}\times\text{样本股权数}}$$

样本股权数为自由流通股数量，而自由流通股的计算方法与沪深300指数的自由流通股计算方法相同，这里不再赘述。

二、深证100指数的权重股

深证100指数覆盖的行业包括如下几类，如图3-8所示。

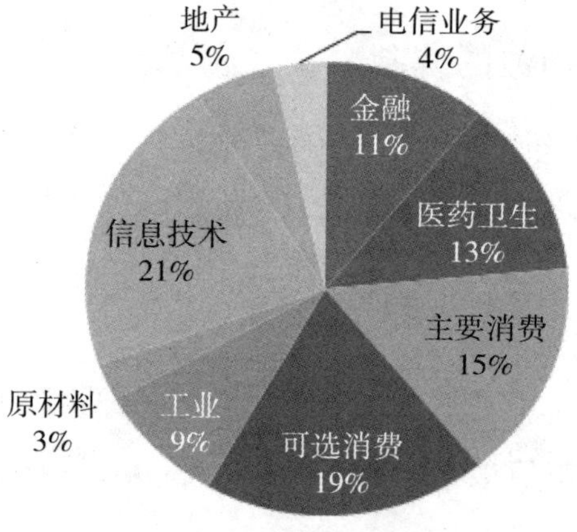

图3-8　深证100指数的行业分布图

从图3-8中可以看出，信息技术行业和消费品行业是深证100指数的主要布局行业。金融地产行业的股票数量不占优势，但由于体量大，对整个指数的走势依然影响较大。

下面来看一下深证 100 指数中权重最大的十只个股，如表 3–7 所示。

表 3–7　深证 100 指数十大重仓股

代码	简称	行业	权重（%）
000651	格力电器	可选消费	6.13%
000333	美的集团	可选消费	5.81%
000858	五粮液	主要消费	4.8%
000002	万科 A	房地产	3.78%
002475	立讯精密	信息技术	3.34%
000001	平安银行	金融	2.98%
300498	温氏股份	主要消费	2.97%
000725	京东方 A	信息技术	2.75%
002415	海康威视	信息技术	2.73%
000063	中兴通讯	电信业务	2.73%

（资料来源：深圳证券信息公司，截至 2019 年 12 月 31 日）

从表 3–7 中可以看出，消费类股票和信息技术类股票在深证 100 指数中占据了较大的权重，这类股票的涨跌会对整个指数的走势产生重要的影响。在 2019 年的振荡牛市中，信息技术类股票涨势较佳，因此深证 100 指数的表现相对较好，特别是立讯精密、京东方 A 等信息技术股票在 2019 年的表现尤为亮眼。

三、深证 100 指数的特点

深证 100 指数具有以下几个特点。

第一，市值比较大。在深市中，构成深证 100 指数的 100 只个股的市值总额非常高，对整个深市的运行具有重要的指引作用。通常情况下，当该指数出现上行或下跌时，整个市场可能会随之而动。

第二，分布比较广。构成深证 100 指数的 100 只个股分布相对较为分散，这一点与上证 50 指数明显不同。

第三，成长性较佳。从持仓占比中可以发现，深证 100 指数中的企业包括了很多正处于快速成长期的企业，未来这一指数的上升空间仍然很大。从深证100指数的历史走势也可以看出，该指数的涨幅要远远高于上证50指数，毕竟上证50指数中处于成熟期的企业较多。

第四，整体市盈率较高，市场认可度较高。在市盈率方面，深证100指数的市盈率明显高于上证50指数，这说明市场上的投资者愿意为处于高成长期的企业支付较高的价格。

第五，与宽基指数的特点相同，由于深证100指数中的标的股票较多，因此，当个股出现大幅下跌时，整个指数受到的影响相对较小。

四、基于深证100指数的基金

目前市场上以深证100指数为跟踪标的的基金产品较多，指数发布后，易方达深证100指数基金即宣告成立，此后有二十几只以深证100指数为跟踪标的的指数型基金相继推出。

1. 基于深证100指数的典型基金

基于深证100指数的基金，是目前市场上品种数量较多的品类之一，主要包括如下几类。

第一，深证100指数基金，即标准的场外交易的指数型基金。这类基金的仓位一般在95%左右（需要留足5%以应对投资者的赎回），因此其业绩会与深证100指数稍有差异，如融通深证100指数型基金。

第二，深证100指数ETF基金，即可以上市交易的开放型指数基金。该类基金的仓位可达到100%，其基金收益与深证100指数走势基本一致，如易方达深证100ETF基金。

第三，深证100指数ETF联接基金。以深证100ETF基金为投资对象的基金，其仓位一般在95%左右，因此其业绩会与深证100指数稍有差异。同时，由于其投资对象为ETF基金，投资者购买该类基金，相当于多支付了一次基金管理费用，如方正富邦深证100交易型开放式指数证券投资基金联接基金。

第四，深证100指数增强型基金。即以深证100指数为核心，对成份股进行一定的调整和组合，以求实现超越指数业绩的目标。其业绩与深证100

指数会有一定的差距，若基金操作得当，业绩可能会优于深证 100 指数，如建信深证 100 增强型指数基金。

2. 基于深证 100 指数基金的特点

这类基金往往具有以下特点。

第一，基金净值的波动与深证 100 指数的波动基本一致。紧密跟随指数是指数型基金追求的主要目标，因此，这些指数型基金的收益与标的指数走势基本吻合。

第二，鉴于深证 100 指数由深圳证券交易所上市的 100 个大型企业的股票组成，信息技术类、消费类股票占据了较大的比重，因此这类股票的走势对指数和基金的收益具有重要的影响，实际操作中需要与沪深 300 指数进行对比，如图 3-9 所示。

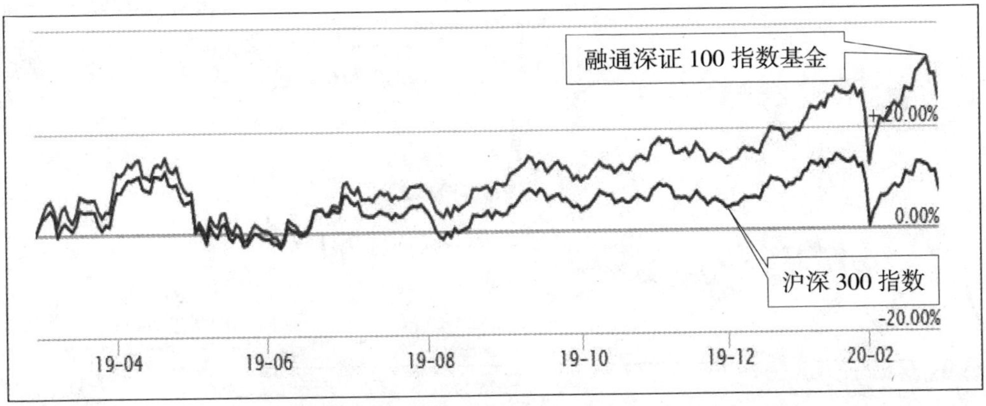

图 3-9　融通深证 100 指数基金与沪深 300 指数走势对比图

从图 3-9 中可以看出，融通深证 100 指数基金与沪深 300 指数在大多数时间内呈现同涨同跌的走势，而且大部分时间里二者差距不大，只是进入 2020 年之后，融通深证 100 指数基金的涨幅开始与沪深 300 指数产生差距，这与这段时间内科技股上涨幅度较大有直接的关系。

第三，与其他宽基指数相比，深证 100 指数所含的股本数量适中，且其中成长股占据了较大的比重，这就使得深证 100 指数的走势相对沪深 300 指数和上证 50 指数更强。

第四节　中证 500 指数

中证 500 指数与上证 50 指数、沪深 300 指数、深证 100 指数不同，是一个反映沪深两市中小企业股票价格走势的指数。中证 500 指数由沪深两市中规模较适中的 500 只股票构成，以 2004 年 12 月 31 日为基准日，基点为 1000 点，由中证指数有限公司于 2007 年 1 月 15 日发布，其走势情况如图 3-10 所示。

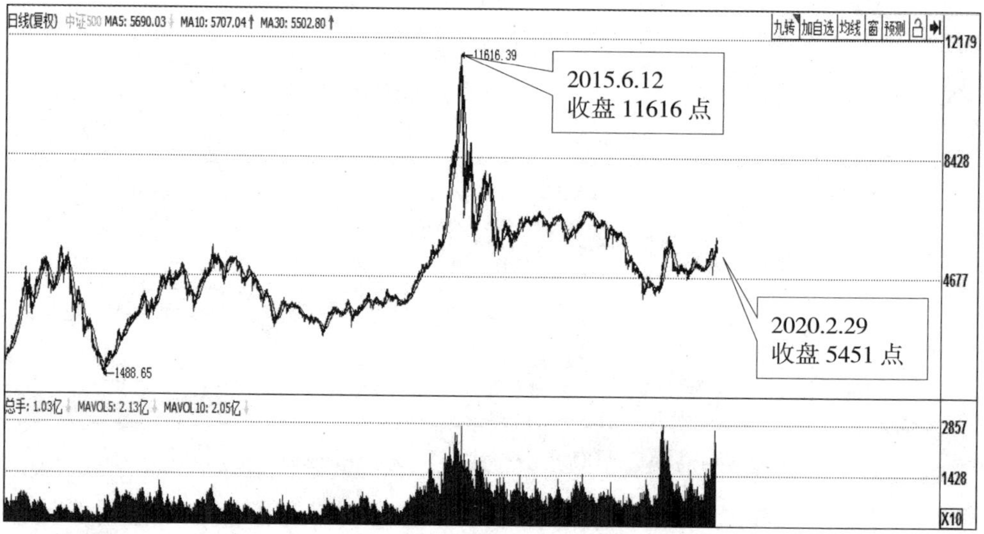

图 3-10　中证 500 指数日 K 线走势图

图 3-10 为中证 500 指数日 K 线走势图。从图中可以看出，中证 500 指数在十余年的振荡运行中，曾经随着整个股市的涨跌创出了若干个高点和低点。特别是 2015 年的牛市，创出了 11616 点的高点，相当于 2014 年 12 月 31 日基准点位 10 倍的涨幅。

此后，该指数也经历了一轮幅度较大的下跌走势，到 2020 年，该指数的点位在5500点左右。该指数的走势比较符合典型的中小企业股票价格走势的特点，即上涨时涨幅较高，下跌时跌幅也会较大。

目前，以中证500指数为追踪标的的指数基金品种非常多，表3–8列出了部分基金品种的名称，仅供参考。

表3–8 以中证500指数为追踪标的的指数基金产品

类别	基金名称	基金公司	基金经理	成立时间
指数型基金	天弘中证500指数	天弘基金	张子法	2018.4.24
	农银中证500指数	农银汇理	宋永安	2011.11.29
	汇添富中证500指数	汇添富	吴振翔	2017.8.10
	人保中证500指数	人保资产	刘笑明	2018.12.7
增强型指数基金	泰达中证500指数增强（LOF）	泰达宏利	刘洋	2011.12.1
	申万菱信中证500指数优先增强	申万菱信	袁英杰	2017.1.10
	天弘中证500指数增强	天弘基金	杨超	2015.6.30
	建信中证500指数增强	建信基金	叶乐天	2018.3.16
ETF基金	南方中证500ETF	南方基金	罗文杰	2013.2.6
	易方达中证500ETF	易方达	余海燕	2015.8.27
	工银中证500ETF	工银汇理	赵栩	2019.10.17
	中融中证500ETF	中融基金	赵菲	2019.12.31
ETF联接基金	南方中证500ETF联接	南方基金	罗文杰	2009.9.25
	工银中证500ETF联接	工银汇理	刘伟琳	2012.1.31
	景顺长城中证500ETF联接	景顺长城	曾理	2015.6.29
	博时中证500ETF联接	博时基金	万琼	2019.12.30

一、中证500指数的编制

编制中证500指数时，选择了沪深两市中流通性较佳的中小企业股票，指数在选样和计算方面都有特殊的要求。

1. 中证500指数的选样

中证500指数的选样，主要包括这样几个环节。

第一步：在沪深两市中，剔除不符合要求的股票，包括财务造假、存在违法违规事件的股票；ST、*ST、暂停上市的股票；创业板上市不满 3 年的股票；剔除沪深 300 指数包含的股票。

第二步：剔除指数覆盖范围内最近一年日均总市值前 300 名的股票。

第三步：对最近一年内 A 股日均成交额由高到低进行排名，并剔除排名靠后的 20% 的股票。

第四步：对剩余股票在一年内的日均总市值进行排名，选取前 500 名作为样本股票。

2. 中证 500 指数的计算方法

指数数值 = 当前调整市值 / 除数 × 基准点数

除数获取的方法同沪深 300 指数。

中证 500 指数的基准点数为 1000 点。

调整市值的计算方法与沪深 300 指数相同，即以分级靠档法计算。

二、中证 500 指数的权重股

中证 500 指数所覆盖的行业包括如下几类，如图 3-11 所示。

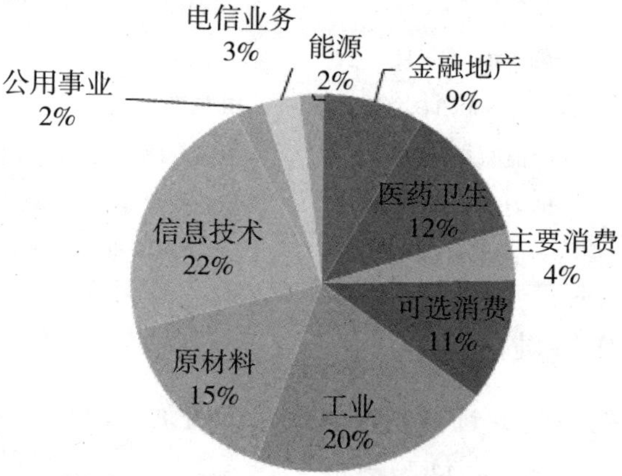

图 3-11　中证 500 指数的行业分布图

从图 3-11 中可以看出，信息技术行业和工业行业属于中证 500 指数的主要布局行业，这两个行业也是成长股频出的行业。

下面再来看一下中证 500 指数中权重最大的十只个股，如表 3-9 所示。

表 3–9　中证 500 指数十大重仓股

代码	简称	行业	权重（%）
600745	闻泰科技	电信业务	1.06%
002371	北方华创	信息技术	0.82%
300253	卫宁健康	医药卫生	0.76%
300014	亿纬锂能	工业	0.72%
002384	东山精密	信息技术	0.72%
036024	沪电股份	信息技术	0.71%
600584	长电科技	信息技术	0.67%
002129	中环股份	工业	0.66%
002065	东华软件	信息技术	0.62%
300383	光环新网	信息技术	0.61%

（资料来源：中证指数有限公司，截至 2019 年 12 月 31 日）

从表 3–9 中可以看出，信息技术类股票在中证 500 指数中占据了较大的权重，这类股票的涨跌会对整个指数的走势产生重要的影响。在 2019 年的振荡牛市中，信息技术类股票涨势较佳，因此中证 500 指数的表现相对较好。

三、中证 500 指数的特点

中证 500 指数具有以下几个特点。

第一，市值比较适中。在深市中，构成中证 500 指数的 500 只个股的市值总额相对并不高，但也并不属于市场上的小市值股票。

第二，分布比较广。构成中证 500 指数的 500 只个股分布相对较为分散，权重股首位闻泰科技所占的比重仅为 1.06%，这一点与沪深 300 指数、上证 50 指数明显不同。

第三，成长性较佳。这些企业往往属于进入快速成长期的企业，未来成长空间十分广阔。中证 500 指数覆盖的股票中，有很大一部分属于科技股，这部分股票未来的发展潜力非常大。

第四，整体市盈率较高，市场认可度较高。在市盈率方面，中证 500 指数的市盈率明显高于沪深 300 指数和上证 50 指数，这说明市场上的投资者愿意为处于高成长期的企业支付较高的价格。

第五，与宽基指数的特点相同。由于中证 500 指数中的标的股票较多，因此，当个股出现大幅下跌时，整个指数受到的影响相对较小。特别是处于快速成长期的中小企业，相对大型企业比较容易陷入危机，而较为分散的投资则可以将风险控制在较低的水平。

四、基于中证 500 指数的基金

目前市场上以中证 500 指数为跟踪标的的基金产品较多，自 2009 年 9 月底南方中证 500ETF 指数联接基金成立以来，至今已经有一百余只以中证 500 指数为跟踪标的的指数型基金。

1. 基于中证 500 指数的典型基金

基于中证 500 指数的基金，是目前市场上品种数量较多的品类，主要包括如下几类。

第一，中证 500 指数基金，即标准的场外交易的指数型基金。此类基金的仓位一般在 95% 左右（需要留足 5% 以应对投资者的赎回），因此其业绩会与中证 500 指数稍有差异，如农银中证 500 指数型基金。

第二，中证 500 指数 ETF 基金，即可以上市交易的开放型指数基金。该基金的仓位可以达到 100%，基金收益与中证 500 指数走势相一致，如嘉实中证 500ETF 基金。

第三，中证 500 指数 ETF 联接基金。以中证 500ETF 基金为投资对象的基金，其仓位一般在 95% 左右，因此其业绩会与中证 500 指数稍有差异。另外，由于其投资对象为 ETF 基金，投资者购买该类基金，相当于多支付了一次基金管理费用，如南方中证 500ETF 指数联接基金。

第四，中证 500 指数增强型基金。即以中证 500 指数为核心，并对成份股进行一定的调整和组合，以求实现超越指数业绩的目标。其业绩与中证 500 指数会有一定的差距，若基金操作得当，其业绩可能优于中证 500 指数，如天弘中证 500 增强型指数基金。

2. 基于中证 500 指数基金的特点

这类基金往往具有如下两个特点。

第一，基金净值的波动与中证 500 指数的波动基本一致。紧密跟随指数是指数型基金追求的主要目标，因此，这些指数型基金的收益与标的指数走势基本吻合。

第二，鉴于中证 500 指数由沪深两市的 500 个中小型企业的股票组成，信息技术类、消费类股票占据了较大的比重，因此这类股票的走势对指数和基金的收益具有重要的影响，在实际操作中需要与沪深 300 指数进行对比，如图 3–12 所示。

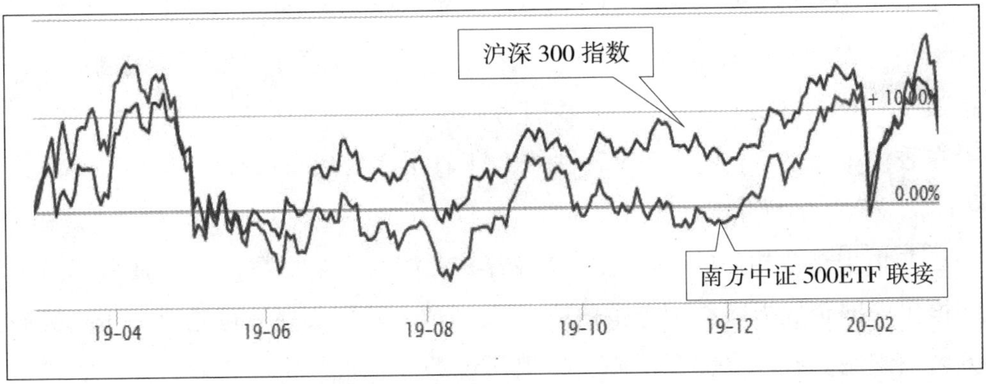

图 3–12　南方中证 500ETF 联接基金与沪深 300 指数走势对比图

从图 3–12 中可以看出，进入 2019 年之后，南方中证 500ETF 联接指数基金与沪深 300 指数在大多数时间内呈现同涨同跌的走势，而且在大部分时间内，南方中证 500ETF 联接指数基金要弱于沪深 300 指数，只是到了 2020 年才开始超越沪深 300 指数，且在最后一轮下跌时，二者又回到同一起跑线。

第五节　其他指数及基金产品

对于普通投资者来说，目前还无法直接投资境外股票市场（包括港台股票市场），不过，可以通过购买 QDII 指数基金的方式完成对这些股票市场的投资。

一、恒生指数与 H 股指数

恒生指数是由香港恒生银行下属公司恒生指数服务有限公司编制的，该指数于 1969 年 11 月 24 日发布，基期为 1964 年 7 月 31 日，基期指数为 100 点，由在香港上市的 33 家具有代表性的企业股票作为成份股样本，2007 年 2 月 9 日，该指数的样本股增加至 50 只。

与恒生指数相似的指数，也是最容易混淆的一个指数，就是 H 股指数，即恒生中国企业指数（国企指数或 H 股指数）。H 股指数也是由恒生指数服务公司编制。有一点需要明确，这里所说的国企指数中的企业，并不是指由国资控股的企业，而是在香港上市的中国内地企业。H 股指数于 1994 年 8 月 8 日推出（恒生指数中包含的 H 股数量达到了 10 只），但基准日后来更改在了 2000 年 1 月 3 日，基准日指数为 2000 点。相比恒生指数，H 股指数的成份股数量并不固定，但市值必须足够大，且这些成份股必须在恒生指数范围之内。恒生指数服务有限公司每半年会调整一次成份股。

从严格意义上来说，恒生指数是综合反映香港股市总体运行状况的一个指数，而 H 股指数反映的是在香港上市的国内企业（多数为国企，所以该指数也被称为国企指数）运行状况。由于 H 股指数也被包含进恒生指数，特别是随着腾讯、中国移动被纳入 H 股指数后，使得恒生指数与 H 股指数的走势日趋一致。如图 3–13 所示。

图 3-13　恒生指数与 H 股指数走势对比图

从图 3-13 中可以看出，恒生指数与 H 股指数的 K 线在大多数时间内都是一致的，只是在 2020 年 3 月 19 日之后，恒生指数的走势开始弱于 H 股指数。

因为 H 股指数与恒生指数走势相近，因此基于 H 股指数和恒生指数的指数基金的收益表现也相近。

图 3-14 为嘉实恒生中国企业基金的走势与上证指数走势对比图。

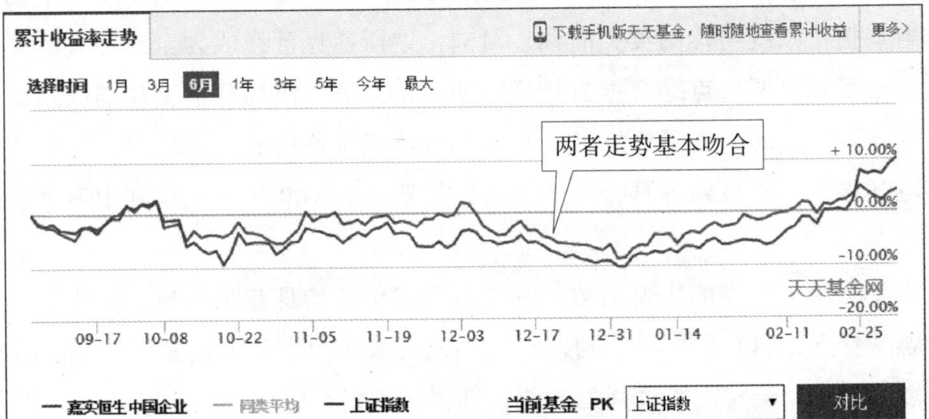

图 3-14　嘉实恒生中国企业基金与上证指数走势对比图

从图 3–14 中可以看出，嘉实恒生中国企业基金的净值走势与上证指数的走势基本一致。这种情况说明，在港上市企业的股票与内地上市企业的股票走势基本吻合。由于企业处于相同的大环境之中，而且很多权重股还是 A 股和 H 股同步上市的，这就使得 H 股指数的走势与上证指数走势更加趋于一致。

目前，以恒生中国企业指数和恒生指数为追踪标的的指数基金品种相对较少，表 3–10 列出了部分基金品种的名称，仅供参考。

表 3–10　以恒生指数和 H 股指数为追踪标的的指数基金产品

类别	基金名称	基金公司	基金经理	成立时间
指数型基金	嘉实恒生中国企业指数基金	嘉实基金	何如	2010.9.30
	大成恒生指数	大成基金	冉凌浩	2017.8.10
ETF 基金	华夏恒生 ETF（QDII）	华夏基金	徐猛	2012.8.9
	南方恒生 ETF	南方基金	罗文杰	2014.12.23
	富国恒生中国企业 ETF	富国基金	王保合	2019.3.7
ETF 联接基金	易方达恒生国企 ETF 联接	易方达	张胜记	2012.8.21
	南方 H 股联接	南方基金	罗文杰	2018.2.12

二、纳斯达克 100 指数

纳斯达克（NASDAQ）是美国全国证券交易商协会于 1968 年着手创建的自动报价系统名称的英文简称，目前，纳斯达克已经成为全球最大的证券交易市场。纳斯达克综合指数是反映纳斯达克证券市场行情变化的股票价格平均指数。同时，为了更好地反映一些行业股票价格的波动情况，纳斯达克市场还推出了一系列各具特点的指数，纳斯达克 100 指数就是其中最著名的一只。

作为纳斯达克的主要指数，其 100 只成份股均具有高科技、高成长和非金融的特点，可以说是美国科技股的代表。比如大家所熟知的苹果电脑、微软、谷歌、思科、英特尔等公司的股票，都属于该指数的权重股。

由于内地投资者无法直接购买美股，因此，通过基金公司购买纳斯达克 100 指数基金就成了一个不错的选择。目前，市场上以纳斯达克 100 指数为参照标的的基金品种主要包括大成纳斯达克 100 指数基金、广发纳斯达克 100ETF 基金、国泰纳斯达克 100 指数基金、易方达纳斯达克 100 人民币等。

下面来看一下国泰纳斯达克 100 指数基金与上证指数的走势对比情况，如图 3-15 所示。

图 3-15　国泰纳斯达克 100 指数基金与上证指数走势对比图

从图 3-15 中可以看出，国泰纳斯达克 100 指数基金的走势相对上证指数来说更为平稳，长期处于上升态势中，这也与美国股市相对成熟有关。A 股市场发展时间还很短，投资者缺乏专业的知识和经验，所以指数波动比较剧烈，也显得有些情绪化。同时，从更长的时间来看，纳斯达克 100 指数的运行趋势属于更为明确的上升趋势，而上证指数则具有典型的波段起伏。从这个角度来说，如果想长期持有指数基金，选择以纳斯达克 100 指数为参照标的的基金是一个不错的选择。

目前，以纳斯达克 100 指数为追踪标的的指数基金品种相对较少，表 3-11 列出了部分基金品种的名称，仅供参考。

表 3-11　以纳斯达克 100 指数为追踪标的的指数基金产品

类别	基金名称	基金公司	基金经理	成立时间
指数型基金	广发纳斯达克 100 指数	广发基金	刘杰	2012.8.15
	易方达纳斯达克 100 人民币	易方达	范冰	2017.6.23
ETF 基金	国泰纳斯达克 100ETF	国泰基金	吴向军	2013.4.25
	广发纳斯达克 100ETF	广发基金	刘杰	2015.6.10

三、标准普尔 500 指数

标准普尔是世界上最具权威性的金融分析机构，由普尔先生在 1860 年创立。

标准普尔 500 指数于 1957 年开始编制，最初的成份股由 425 种工业股票、15 种铁路股票和 60 种公用事业股票组成。从 1976 年 7 月 1 日开始，其成份股改由 400 种工业股票、20 种运输业股票、40 种公用事业股票和 40 种金融业股票组成。以 1941 年至 1943 年为基期，基期指数定为 10，采用加权平均法进行计算，以股票上市量为权数，按基期进行加权计算。标准普尔 500 指数具有采样面广、代表性强、精确度高、连续性好等特点。

同时，标准普尔 500 指数也是巴菲特最为推崇的一个指数，该指数的权重股既包括像微软、苹果电脑、IBM 等科技公司，也包括了摩根大通、高盛、可口可乐、通用电气等诸多大企业。

目前，市场上以标准普尔 500 指数为参照标的的基金品种主要包括大成标普 500 指数基金、博时标普 500ETF 基金、博时标普 500ETF 联接等。

下面来看一下大成标普 500 基金与上证指数的走势对比情况，如图 3-16 所示。

从图 3-16 中可以看出，大成标普 500 指数基金的走势相对上证指数来说更为平稳，长期处于上升态势中，这也与纳斯达克指数的走势极为相似。从更长的时间来看，标普 500 指数的运行趋势属于更为明确的上升趋势，而上证指数则具有典型的波段起伏。从这个角度来说，以标普 500 指数为参照的基金品种也是长线投资者可选的标的之一。

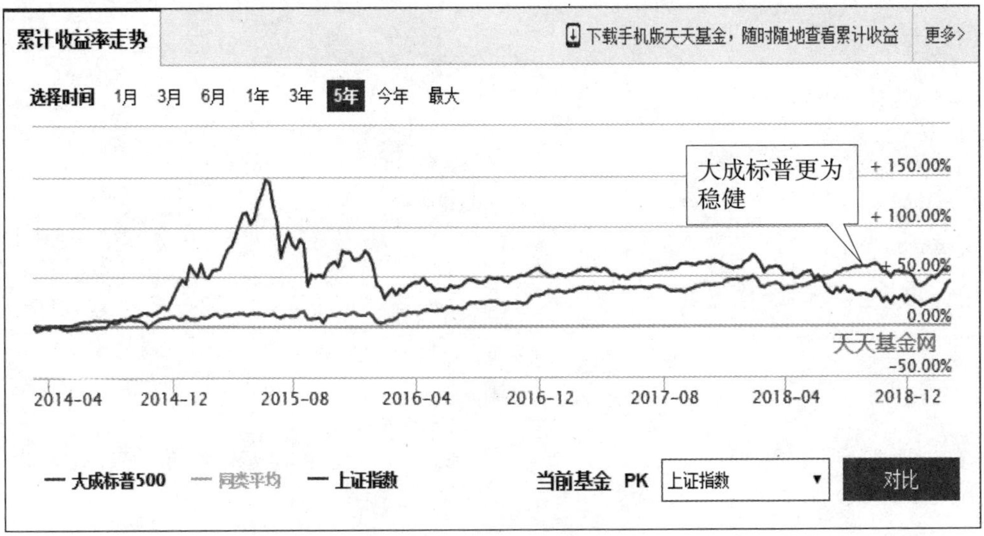

图 3–16　大成标普 500 指数基金与上证指数走势对比图

目前，以标普 500 指数为追踪标的的指数基金品种相对较少，表 3–12 列出了部分基金品种的名称，仅供参考。

表 3–12　以标普 500 指数为追踪标的指数基金产品

类别	基金名称	基金公司	基金经理	成立时间
指数型基金	天弘标普 500 指数	天弘基金	胡超	2019.9.24
	易方达标普 500 人民币	易方达	范冰	2016.12.2
ETF 基金	博时标普 500ETF	博时基金	万琼	2013.12.5
	博时标普 500ETF 联接	博时基金	万琼	2012.6.14

第四章

窄基指数——行业指数

窄基指数是相对于宽基指数而言的。窄基指数涵盖的股票中，都具有某一种共同的特点，如共同的行业、共同的基本面特征等。如果说宽基指数在某种程度上能够反映整个社会经济的发展状况，那么窄基指数只能反映某一类企业股票价格的走势情况。本章将重点介绍窄基指数中的行业指数。

行业指数是一种典型的窄基指数，特指反映各个行业涨跌情况的指数。行业指数的走势除了与整个经济大环境有关外，还与行业发展的小气候有关。例如，白酒行业的景气程度往往具有较为明显的季节特征，旅游行业指数的走势也会与季节和黄金周假期等相关。本章重点介绍大众消费、金融地产以及医药卫生三个典型行业。

第一节　消费行业指数及基金

我国是一个人口大国，人多就要吃喝，就要消费，因此，未来对消费品的需求仍旧会保持旺盛。也就是说，无论现在还是未来，消费品行业都处于成长期。

同时，消费品行业也是一个白马股集中的行业，因此，很多基金公司都专门成立了以消费类股票为投资方向的基金产品。消费行业指数也是过去二十多年里表现较为优秀的指数，很多基于消费行业指数的基金表现也较为优秀。

一、消费行业指数

目前，市场上以消费行业股票为投资标的的基金很多，其中以消费行业指数为追踪标的的指数型基金也有很多。涵盖消费行业的指数主要包括以下几种，如表 4-1 所示。

表 4-1　消费行业指数及代表性基金

指数名称	发布机构	样本数量	指数简述	代表基金
上证主要消费指数	中证指数有限公司	30	沪市上市的消费行业股票中，选择市值最高的 30 只股票	华夏消费 ETF
中证主要消费指数	中证指数有限公司	40	中证 800 指数中的消费行业股票	汇添富中证主要消费 ETF 嘉实中证主要消费 ETF 汇添富中证消费 ETF 联接

（续表）

指数名称	发布机构	样本数量	指数简述	代表基金
中证消费 50 指数	中证指数有限公司	50	沪深两市剔除汽车、传媒等细分领域外的规模最大的消费股票	富国中证消费 50ETF
上证消费 80 指数	中证指数有限公司	80	沪深市值最大、流通性最好的消费行业、卫生行业股票	招商上证消费 80ETF 招商上证消费 80ETF 联接
中证全指主要消费指数	中证指数有限公司	136	从中证全指样本股主要消费行业内选择流动性和市场代表性较好的行业股票	广发中证全指主要消费 ETF
中证全指可选消费指数	中证指数有限公司	458	从中证全指样本股可选消费行业内选择流动性和市场代表性较好的行业股票	广发中证全指可选消费 ETF 广发中证全指可选消费 ETF 联接基金
国证食品饮料行业指数	深圳证券信息有限公司	50	按国证行业划分标准，选择食品和饮料行业规模和流动性突出的 50 只股票	国泰国证食品饮料行业指数分级
中证食品饮料指数	中证指数有限公司	91	在中证全指内寻找饮料、包装食品与肉类等行业股票	天弘中证食品饮料指数
中证白酒指数	中证指数有限公司	18	在中证全指内寻找白酒行业股票	招商中证白酒指数分级

由于食品饮料与白酒属于消费品行业中白马股较多的分支，因此，在列表时将上述两个子行业单列。

二、经典指数——中证主要消费指数

下面以中证主要消费指数为例，介绍一下消费行业指数及相关基金产品。

1. 中证主要消费指数及其构成

中证主要消费指数是由中证 800 指数样本股中的主要消费行业股票组成，以反映该行业公司股票的整体表现。中证主要消费指数创立于 2004 年 12 月 31 日，以 2004 年 12 月 31 日作为基日，基日点位为 1000 点。中证主要消费指数是由中证指数公司发布的，沪深两市都分别为其赋予了相应的代码：上海证券交易所的代码为 000932，深圳证券交易所的代码为 399932。

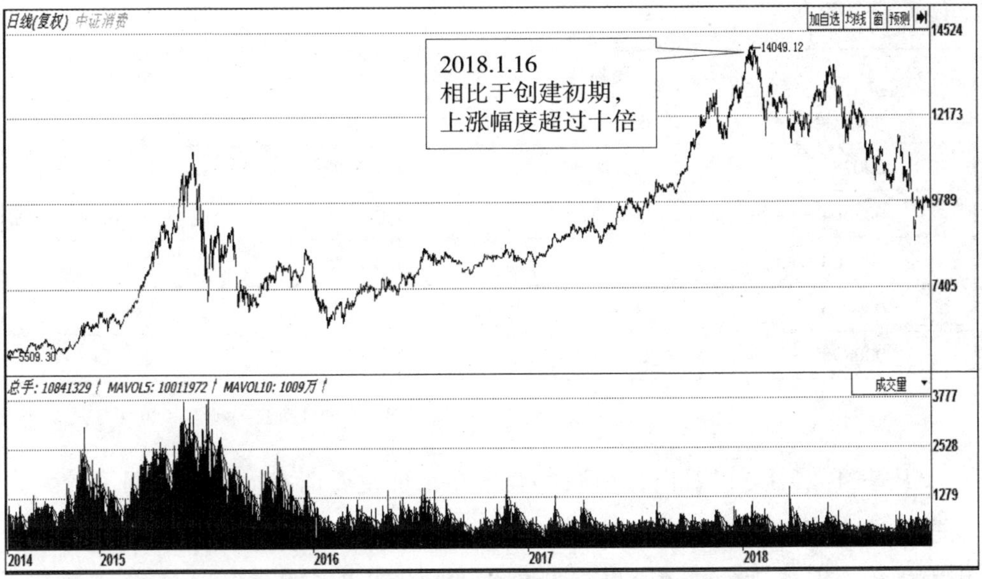

图 4–1 中证主要消费指数日 K 线走势图

图 4–1 为中证主要消费指数日 K 线走势图。从图中可以看出，中证主要消费指数在十余年的振荡运行中，曾经随着整个股市的涨跌创出了若干个高点和低点。在 2018 年年初时段，该指数一度上涨至 14049.12 点，说明该指数在十多年的时间里上涨了 14 倍左右。到 2019 年年初的时候，尽管股市经历了较长时间的下跌，中证主要消费指数的点位仍然超过了 9000 点，相比该指数创立时的点位，仍有 800% 以上的涨幅。

2. 中证主要消费指数的十大权重股

中证主要消费指数中权重最大的十只个股，如表 4–2 所示。

表 4–2 中证主要消费指数十大重仓股

代码	简称	行业	权重（%）
000858	五粮液	主要消费	13.87%
600519	贵州茅台	主要消费	13.83%
600887	伊利股份	主要消费	12.51%
300498	温氏股份	主要消费	8.74%

（续表）

代码	简称	行业	权重（%）
002714	牧原股份	主要消费	7.19%
600288	海天味业	主要消费	5.73%
002304	洋河股份	主要消费	4.14%
000568	泸州老窖	主要消费	3.95%
000876	新希望	主要消费	3.8%
000895	双汇发展	主要消费	2.35%

（资料来源：中证指数，截至 2020 年 3 月 2 日）

从表 4–2 中可以看出，白酒类股票在中证主要消费指数中占据了较大的权重，这类股票的涨跌会对整个指数的走势产生重要的影响。中证主要消费指数中重仓股所占的权重会随着股价的波动而产生变化，表 4–2 中的前十大重仓股的排名也不是一成不变的。

3. 中证主要消费指数的特点

中证主要消费指数具有如下几个特点。

第一，受权重股影响较大。从中证主要消费指数的十大重仓股来看，排名前几名的重仓股占整个指数的比重较高，累计超过了 70%。也就是说，该指数的走势受这十只权重股的影响非常大，若其中某只股票出现大幅下跌，指数将会受到牵连。

第二，由于国内人口基数较大，吃饭喝酒就是不可或缺的，因些，无论国际经济形势如何变化，该类指数以及依托于该类指数的基金都能获得不错的涨幅。换句话说，从长远来看，消费型指数基金的潜力还是非常大的。

第三，该类指数中绩优股、白马股较多。该类基金的前十大权重股无一例外全部都属于绩优股。

4. 基于中证主要消费指数的基金

目前，市场上以消费行业指数为基准的指数基金品种较多，但各有侧重。有的消费行业指数基金以中证主要消费指数为基准，有的基金以中证可选消费指数为基准，有的基金则以主要消费和可选消费指数混合为基准。

基于中证主要消费指数的基金主要包括嘉实中证主要消费 ETF 基金、汇添富中证主要消费 ETF 基金等。这里以汇添富中证主要消费 ETF 基金为例进行介绍，这类基金往往具有如下两个特点。

第一，由于消费行业在过去几年里的发展势头一直迅猛，因此，以消费行业指数为基准的基金收益也普遍好于大盘指数。如图 4-2 所示。

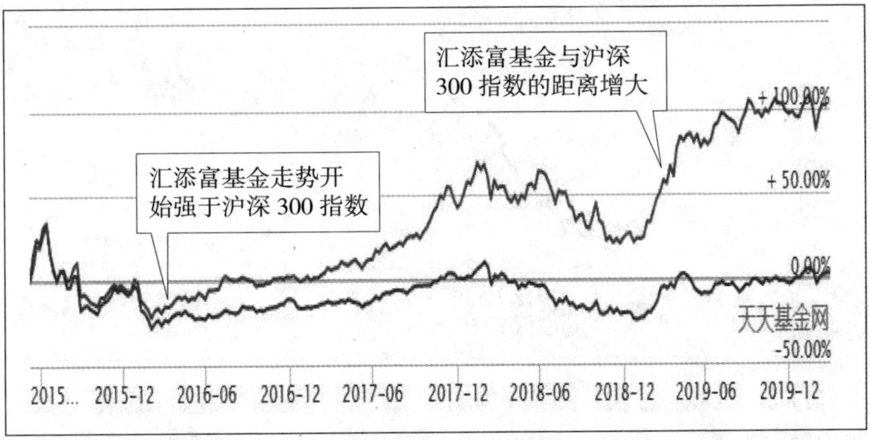

图 4-2　汇添富中证主要消费 ETF 基金与沪深 300 指数走势对比图

从图 4-2 中可以看出，汇添富中证主要消费 ETF 基金的净值走势在 2016 年以前与沪深 300 指数的走势基本一致。从 2016 年年初开始，汇添富中证主要消费 ETF 基金的净值走势逐渐开始加快上涨的步伐，并且与沪深 300 指数的距离越来越大，这说明该基金的走势越来越趋于强势。

第二，通常情况下，由于消费行业提供的产品是人们日常生活中不可或缺的商品，因此，该类基金相比于宽基指数基金往往具有更强的抗跌能力。也就是说，通常情况下，在一波熊市启动初期，消费行业指数基金往往不会追随其他基金呈现出明显的下跌态势，甚至可能还会延续一段时间的上升走势。

三、食品饮料行业指数——中证食品饮料指数

下面以中证食品饮料指数为例，介绍一下食品饮料指数及相关基金产品。

1. 中证食品饮料指数及其构成

中证食品饮料指数是由中证全指样本股中的食品、饮料与肉类股票组成，以反映该行业公司股票的整体表现。中证食品饮料指数创立于 2015 年 6 月 5 日，以 2004 年 12 月 31 日作为基日，基日点位为 1000 点。中证食品饮料指数是由中证指数公司发布的，指数代码为：930653。

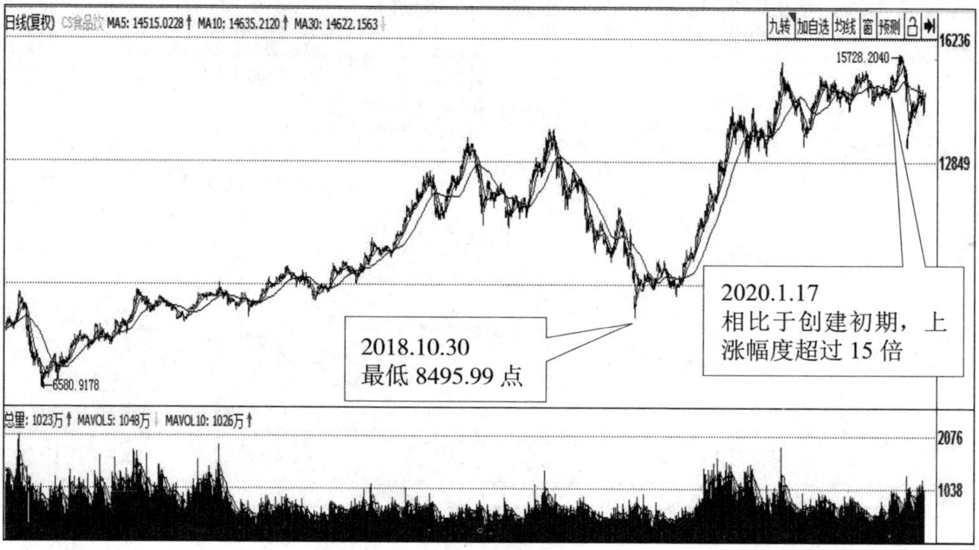

图 4-3　中证食品饮料指数日 K 线走势图

图 4-3 为中证食品饮料指数日 K 线走势图。从图中可以看出，中证食品饮料指数在十余年的振荡运行中，曾经随着整个股市的涨跌创出了若干个高点和低点。在 2020 年年初时段，该指数一度上涨至 150728.2 点，相比于创建初期，该指数在十多年的时间里上涨了 15 倍左右。特别是从 2018 年 10 月底到 2019 年年底这一年多的时间里，该指数上涨了 80% 以上。由此可见，该指数的表现极为优异。

2. 中证食品饮料指数的十大权重股

中证食品饮料指数中权重最大的十只个股，如表 4-3 所示。

表 4-3 中证食品饮料指数十大重仓股

代码	简称	行业	权重（%）
600887	伊利股份	主要消费	9.72%
000858	五粮液	主要消费	9.52%
600519	贵州茅台	主要消费	9.5%
600288	海天味业	主要消费	8.59%
002304	洋河股份	主要消费	6.22%
000568	泸州老窖	主要消费	5.93%
000895	双汇发展	主要消费	3.53%
000860	顺鑫农业	主要消费	3.11%
600809	山西汾酒	主要消费	2.43%
600872	中炬高新	主要消费	2.41%

（资料来源：中证指数，截至 2020 年 3 月 2 日）

从表 4-3 中可以看出，中证食品饮料行业指数与之前的中证主要消费行业指数的成份股相同的很多，白酒类股票在其中都占据了较大的权重。也因为白酒行业多出白马股，使得整个指数的走势十分强劲。

3. 中证食品饮料指数的特点

中证食品饮料指数具有如下几个特点。

第一，受权重股影响相对较小。从中证食品饮料指数的十大重仓股来看，持仓占比最高的也没有超过 10%，这一点与消费行业指数存在明显的不同。也就是说，该指数能够更加准确地反映整个食品饮料行业股票的走势情况，而非几只权重股的走势。

第二，在整个消费行业中，食品饮料是其中最为重要的一个分支，是人人都离不开的一个行业。随着消费观念的改变和消费升级的推进，未来食品饮料行业在维持整体上行的同时，也会有更多优质企业涌现出来。

第三，该类指数中绩优股、白马股较多。该类基金的前十大权重股无一例外全部属于绩优股。

4. 基于中证食品饮料指数的基金

目前，以中证食品饮料指数为追踪对象的指数型基金，只有天弘中证食品饮料指数基金一只。该基金具有如下两个特点。

第一，由于食品饮料行业，特别是食品行业在过去几年里的发展势头一直很猛，因此，以食品饮料指数为基准的基金收益也要普遍好于大盘指数。如图 4–4 所示。

图 4–4　天弘中证食品饮料指数基金与沪深 300 指数走势对比图

从图 4–4 中可以看出，天弘中证食品饮料指数基金的净值走势与沪深 300 指数之间的距离呈现出逐渐放大的态势，说明该指数的走势一直都要强于沪深 300 指数。由此可见，在过去的几年里，中证食品饮料指数的走势一直是非常不错的。

第二，由于食品饮料行业提供的产品是人们日常生活中不可或缺的商品，因此，该类基金相比宽基指数基金往往具有更强的抗跌能力。也就是说，通常情况下，在一波熊市启动初期，食品饮料指数基金往往不会追随其他基金呈现出明显的下跌态势，甚至可能还会延续一段时间的上升走势。同时，当其他股票启动上涨趋势后，食品饮料行业的股票也会随之上扬。

第二节　金融地产行业指数及基金

金融行业是国民经济的晴雨表，其运行情况在一定程度上能够反映整个国民经济的运行状况。同时，金融行业还具有优化资金配置和调节、反映、监督经济的作用。地产行业是一个与金融行业联系非常紧密的行业，其运行情况以及盈利情况受金融行业的影响较大。正因为金融与地产行业的联系非常紧密，所以，很多基金公司在设置基金品种时，会将金融与地产组合在一起，构成新的行业基金品种。概括起来说，金融及地产行业可以分为如下几个子行业，如图 4–5 所示。

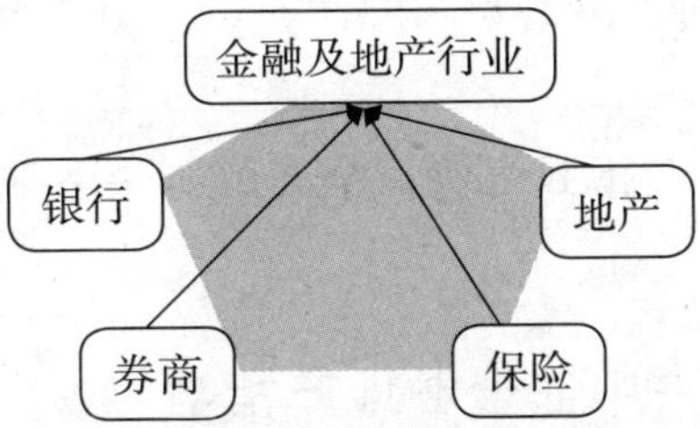

图 4–5　金融及地产行业的四个分支

金融及地产行业属于典型的大盘股集中的行业。这两个行业中有很多对大盘指数走势有重大影响的个股，如工商银行、中国平安、中国太保、万科 A 等。

一、金融地产行业指数

目前，市场上以金融地产行业股票为投资标的的基金很多，不过，以金融地产行业指数为追踪标的的指数型基金并不多，主要包括以下几只，如表 4–4 所示。

表 4-4 金融地产行业指数及代表性基金

指数名称	发布机构	样本数量	指数简述	代表基金
中证金融地产指数	中证指数有限公司	124	中证 800 指数中的金融地产行业股票	汇添富中证金融地产 ETF 嘉实中证金融地产 ETF 长盛中证金融地产分级 长盛中证金融地产
沪深 300 金融地产指数	中证指数有限公司	77	由沪深 300 指数样本股中的金融地产行业股票组成	国投瑞银金融地产 ETF 国投金融地产 ETF 联接
中证全指金融地产指数	中证指数有限公司	149	从中证全指样本股金融地产行业内选择流动性和市场代表性较好的股票	广发中证全指金融地产 ETF 广发中证全指金融地产 ETF 联接基金
中证全指证券指数	中证指数有限公司	44	选取中证全指样本股中的证券公司行业股票组成	招商中证全指证券分级 富国中证全指证券分级 南方中证全指证券 ETF 易方达中证全指证券 ETF 鹏华证券分级 华安中证全指证券分级 国泰中证全指证券 ETF

下面以中证金融地产指数为例，全面解析金融地产行业指数及其代表性的基金产品。

二、经典指数——中证金融地产指数

下面以中证金融地产指数为例，介绍整个金融地产指数的走势情况。

1. 中证金融地产指数及其构成

中证金融地产指数由中证 800 指数样本股中的金融行业、房地产行业的股票组成，以反映该行业公司股票的整体表现。中证金融地产指数创立于 2009 年 7 月 3 日，以 2004 年 12 月 31 日作为基日，基日点位为 1000 点。中证金融地产指数是由中证指数公司发布的，沪深两市都分别为其赋予了相应的代码：上海证券交易所的代码为 000934，深圳证券交易所的代码为 399934。

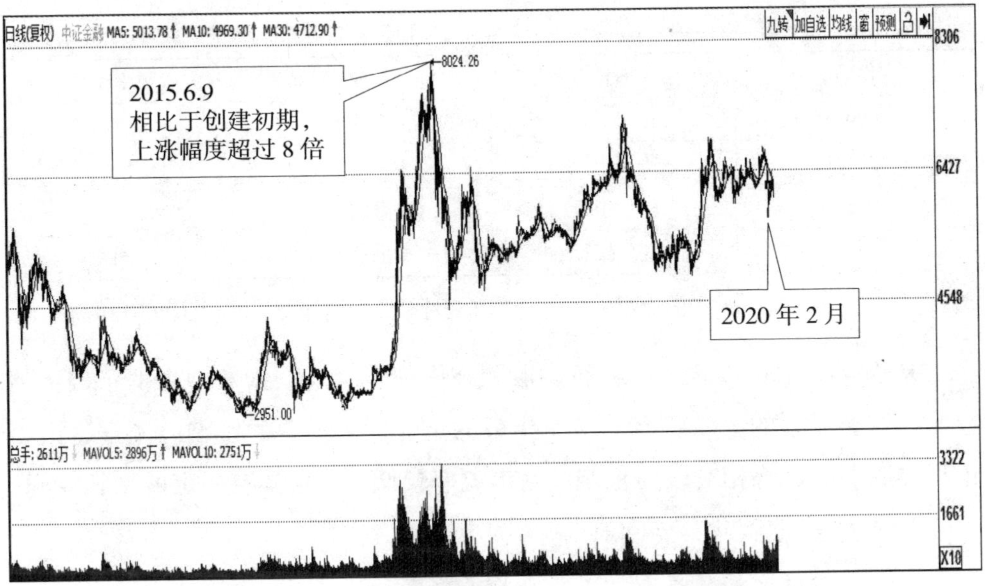

图 4–6　中证金融地产指数日 K 线走势图

图 4–6 为中证金融地产指数日 K 线走势图。从图中可以看出，中证金融地产指数在十余年的振荡运行中，曾经随着整个股市的涨跌创出了若干个高点和低点。2015 年 6 月 9 日，该指数一度上涨至 8024.26 点，在十多年的时间里上涨了 8 倍左右。不过，在后面的时间里，该指数一直处于振荡下跌状态，这说明最近几年金融地产行业股票的涨势并不理想。

2. 中证金融地产指数的十大权重股

中证金融地产指数中权重最大的十只个股，如表 4–5 所示。

表 4–5　中证金融地产指数十大重仓股

代码	简称	行业	权重（%）
601318	中国平安	金融地产	16.27%
600036	招商银行	金融地产	6.77%
601166	兴业银行	金融地产	4.83%
60030	中信证券	金融地产	3.64%
000002	万科 A	金融地产	3.43%
601328	交通银行	金融地产	2.74%

（续表）

代码	简称	行业	权重（%）
600016	民生银行	金融地产	2.72%
000001	平安银行	金融地产	2.71%
601288	农业银行	金融地产	2.50%
600000	浦发银行	金融地产	2.45%

（资料来源：中证指数，截至 2020 年 2 月 12 日）

从表 4–5 中可以看出，银行类股票在中证金融地产指数中占据了较大的权重，这类股票的涨跌将会对整个指数的走势产生重要的影响。同样，由于银行类股票的走势相对较为稳定，且市盈率较低，未来具有一定的增长空间。

3. 中证金融地产指数的特点

中证金融地产指数具有如下几个特点。

第一，受权重股影响相对较大。从金融地产指数的十大重仓股来看，持仓占比最高的中国平安为 16.27%，这说明中国平安的股价走势对整个指数走势的影响较大。

第二，金融地产行业中超级大盘股频出，这些股票往往又是沪深 300 指数的重仓股。也就是说，金融地产指数的走势，对整个沪深 300 指数甚至上证指数的走势影响都非常大。

第三，在市场上，金融地产行业可以称之为整个国民经济的支柱性行业，对国民经济稳定运行具有重要的作用。一波牛市的出现，往往都少不了金融地产行业股票的推动。换句话说，没有金融地产行业股票参与的牛市，很难具有持续性。

4. 基于中证金融地产指数的基金

以汇添富中证金融地产 ETF 基金为例，来看一下该类基金的特点。

第一，由于金融地产行业盘子过大，很多热钱并不愿意炒作这类股票，就使得这类股票的走势不宜出现暴涨暴跌行情，其走势往往与大盘走势较为接近，如图 4–7 所示。

图 4–7　汇添富金融地产 ETF 基金与沪深 300 指数走势对比图

从图 4–7 中可以看出，汇添富金融地产 ETF 基金的净值走势与沪深 300 指数的走势基本一致。这主要是由于该基金的重仓股同时也是沪深 300 指数的重仓股，从另一个方面也可以看出金融地产股票对整个大盘走势的影响。

第二，由于金融地产行业与国民经济中的很多行业存在交集，对国民经济的稳定与发展具有重要的意义，因此，该指数基金具有较强的抗跌作用。

三、证券指数——中证全指证券指数

证券股在金融地产领域属于一个比较特殊的存在。通常情况下，投资者普遍存在这样一种看法，即牛市未到，证券先行。这就是说，证券股总是能预先感知股市的变化，并提前进入牛市行情。当然，这里面存在一种比较清晰的逻辑关系：牛市都是由新的增量资金推动的，而新资金入场是由新股民入场推动的；新股民和新资金会产生更多的成交量，也就会有更多的交易佣金，这对券商是极大的利好。

下面以中证全指证券指数为例，介绍证券指数的走势情况。

1. 中证全指证券指数及其构成

中证全指证券指数是由中证全指样本股中的全部证券行业股票组成，以反映该行业公司股票的整体表现。中证全指证券指数创立于 2013 年 7 月 15 日，以 2007 年 6 月 30 日作为基日，基日点位为 1000 点。中证全指证券指数是由中证指数公司发布的，其代码为：399975。

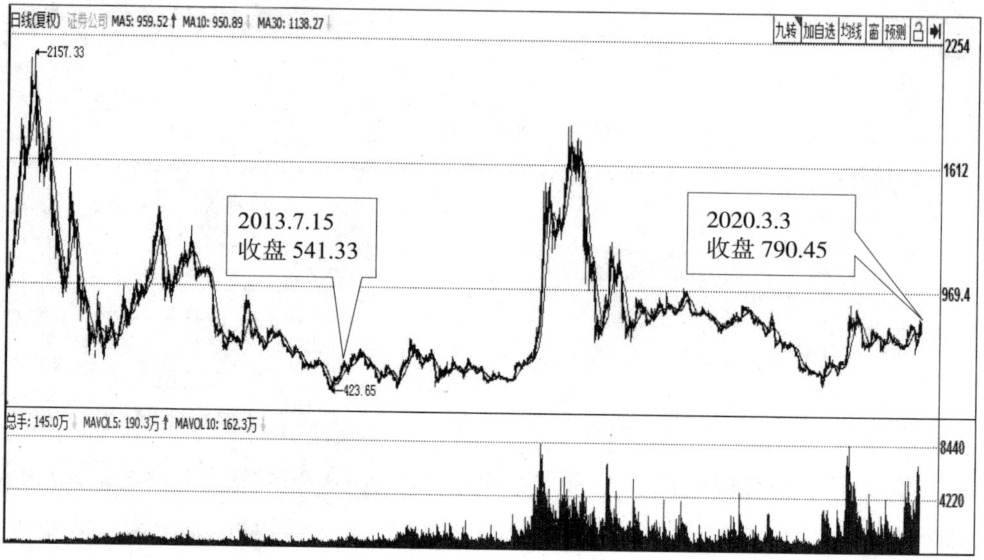

图 4–8　中证全指证券指数日 K 线走势图

如图 4–8 所示，相比其他指数，中证全指证券指数的涨幅可能并不理想。截至 2020 年 3 月 3 日，该指数的点数仅为 790.45 点，也就是说，该指数相对于基点不仅没有上涨，还下跌了 20 多个百分点。其实，这与基点选择的时间点有直接关系。该指数的基点为 2007 年 6 月 30 日，此时点正处于 A 股最大一波牛市行情之中，证券股当时的价位已经很高了。当然，投资者并不需要担心，毕竟该指数正式发布的时间是 2013 年 7 月 15 日，此时，该指数点位仅为 541.33 点。若在该指数发布后买入该指数基金，到了 2020 年 3 月初，该指数的涨幅有 40 多个百分点。

2. 中证全指证券指数的十大权重股

中证全指证券指数中权重最大的十只个股，如表 4–6 所示。

表 4–6　中证全指证券指数十大重仓股

代码	简称	行业	权重（%）
60030	中信证券	金融地产	14.45%
600837	海通证券	金融地产	8.91%
300059	东方财富	金融地产	7.36%

（续表）

代码	简称	行业	权重（%）
601688	华泰证券	金融地产	6.43%
601211	国泰君安	金融地产	6.11%
600999	招商证券	金融地产	3.93%
000776	广发证券	金融地产	3.37%
000166	申万宏源	金融地产	3.26%
600958	东方证券	金融地产	2.79%
601377	兴业证券	金融地产	2.49%

（资料来源：中证指数，截至 2020 年 3 月 3 日）

从表 4–6 中可以看出，中信证券在整个证券指数基金中占据了较大的比重，也就意味着中信证券的走势对整个指数的影响很大。

3. 中证全指证券指数的特点

中证全指证券指数具有如下几个特点。

第一，牛市的风向标。中证全指证券指数涵盖了沪深两市所有的上市券商，该指数对牛市的来临往往有提前预警的作用。当牛市来临时，证券指数往往会出现大幅走高的态势，这与成交活跃度的提升有直接关系。

第二，在整个金融行业中，券商的盘子并不算很大（相对于其他行业应该是很大的），因此，资金拉升也相对容易。这就意味着，证券指数往往会成为金融指数的先导指标。

第三，证券股往往成为大盘冲击重要阻力位的关键力量。在大盘向上冲击很多重要阻力位时，若没有以券商为代表的金融股发力，往往很难形成对阻力位的有效突破。

4. 基于中证全指证券指数的基金

以南方中证全指证券 ETF 联接基金为例，来看一下该基金的特点。

第一，由于证券行业具有显著的周期特征，即在牛市时，证券行业获利能力极强，到了熊市时，其获利能力就会受到很大的影响。过去几年来，A股大部分时间都处于熊市，因此资金对于券商股票缺少足够的热情，导致证券股票走势相对较弱，如图 4-9 所示。

从图 4-9 中可以看出，尽管证券指数整体走势要弱于沪深 300 指数，但在 2019 年年初的一段时间内，证券指数的涨幅明显要高于沪深 300 指数。其实，这段时间也正是股市快速拉升时期，这对证券股无疑是一个极大的利好，也就促成了证券指数的快速上扬。

图 4-9　南方中证全指证券 ETF 联接基金与沪深 300 指数走势对比图

第二，相比于其他窄基指数基金，证券指数基金的收益预测更为容易，因此，对于喜欢炒作不确定性的资金来说，并非理想的标的，这也使得券商类股票业绩一直不错，但股价涨幅十分有限。

第三节　医药卫生行业指数及基金

医药卫生行业既是一个与人民生活关系密切的行业，也是一个白马股频出的行业，很多生物医药领域的超级牛股都来自于该行业。

医药卫生行业涉及的细分领域比较多，不同的行业划分标准，对该行业的细分领域涵盖范围都有所不同。概括起来包括但不限于以下七个类别，如图 4-10 所示。

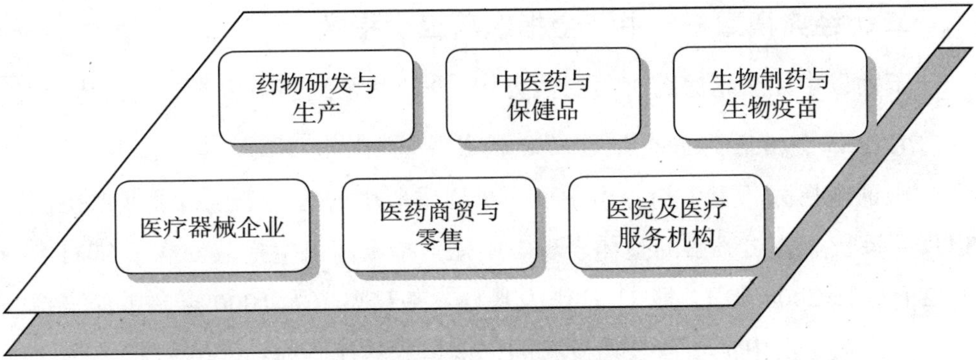

图 4-10 医药卫生行业细分

一、医药卫生行业指数

目前，市场上以医药卫生行业股票为投资标的的基金很多，不过，以医药卫生行业指数为追踪标的的指数型基金并不多，主要包括以下几类，如表 4-7 所示。

表 4-7 医药卫生行业指数及代表性基金

指数名称	发布机构	样本数量	指数简述	代表基金
上证医药指数	中证指数有限公司	38	由沪市中的医药卫生行业股票组成	华夏医药 ETF
中证全指医药卫生指数	中证指数有限公司	247	由中证全指样本股医药卫生行业内选择流动性和市场代表性较好的股票构成	广发中证全指医药卫生 ETF 广发中证全指医药卫生 ETF 联接 银华中证全指医药卫生指数增强型基金
沪深 300 医药卫生指数	中证指数有限公司	29	由沪深 300 指数样本股中的医药卫生行业股票组成	易方达沪深 300 医药 ETF
国证医药卫生行业指数	深圳证券信息有限公司	80	指数参照国证行业分类标准，选取归属于医药卫生行业的规模和流动性突出的 80 只股票作为样本股	国泰国证医药卫生行业分级基金
国证生物医药指数	深圳证券信息有限公司	30	从 A 股市场的生物医药行业，根据市值规模和流动性的综合排名，选出前 30 只股票	招商国证生物医药指数分级

二、经典指数——中证全指医药卫生指数

下面以中证全指医药卫生指数为例，介绍整个医药卫生指数的走势情况。

1. 中证全指医药卫生指数及其构成

中证全指医药卫生指数由中证全指样本股中的医药卫生行业股票组成，以反映该行业公司股票的整体表现。中证全指医药卫生指数创立于 2011 年 8 月 2 日，以 2004 年 12 月 31 日作为基日，基日点位为 1000 点。中证全指医药卫生指数是由中证指数公司发布的，该指数的代码为：000991。

图 4–11　中证全指医药卫生指数日 K 线走势

从图 4–11 中可以看出，中证全指医药卫生指数的走势较为强劲。若从基点日算起，到 2020 年 3 月，该指数上涨了 10 倍有余。当然，在该指数发布之后（2011 年 8 月 2 日），该指数的涨幅也达到了将近 1 倍，也是不错的水平。

2. 中证全指医药卫生指数的十大权重股

中证全指医药卫生指数中权重最大的十只个股，如表 4–8 所示。

表 4-8 中证全指医药卫生指数十大重仓股

代码	简称	行业	权重（%）
600276	恒瑞医药	医药卫生	9%
603259	药明康德	医药卫生	3.69%
000661	长春高新	医药卫生	3.14%
300015	爱尔眼科	医药卫生	2.3%
300347	泰格医药	医药卫生	1.81%
000538	云南白药	医药卫生	1.78%
300003	乐普医疗	医药卫生	1.72%
300253	卫宁健康	医药卫生	1.71%
600436	片仔癀	医药卫生	1.69%
002044	美年健康	医药卫生	1.65%

（资料来源：中证指数，截至 2020 年 3 月 3 日）

从表 4-8 中可以看出，恒瑞医药在中证全指医药卫生指数中占据了较大的权重，该股的涨跌会对整个指数的走势产生重要的影响。同样，由于恒瑞医药属于市场上典型的超级绩优股，业绩一直处于稳定增长态势，这就在一定程度上保证了该指数的平稳上行。

3. 中证全指医药卫生指数的特点

中证全指医药卫生指数具有如下几个特点。

第一，在医药卫生指数中，含有大量的生物类股票，这类股票具有典型的绩优股和成长股特征，因此，整个医药卫生指数的成长空间还是十分广阔的。

第二，在整个医药卫生行业中，很多生物医药股票拥有较强的竞争能力和护城河，因此，其未来的盈利能力具有很强的确定性。

第三，当各类疫情或灾害出现时，医药卫生类股票经常会成为炒作的对象，从而促使整个指数上扬。

4. 基于中证全指医药卫生指数的基金

以广发中证全指医药卫生 ETF 基金为例，来看一下该类基金的特点。

前面曾经介绍过，医药卫生行业中包含了很多成长股和绩优股，但也有很多业绩不佳的股票，这就使得全指医药卫生指数的走势较为一般，如图 4-12 所示。

图 4-12 广发中证全指医药卫生 ETF 基金与沪深 300 指数

从图 4-12 中可以看出，尽管广发中证全指医药卫生 ETF 基金的收益要好于沪深 300 指数，但与沪深 300 指数的差距并不大，只在某些特定的情况下好于沪深300指数。从整体上来看，该基金的收益水平与沪深300指数持平。

三、生物医药指数——沪深 300 医药卫生指数

一般来说，全指指数包含的范围比较广，其中固然有些股票属于绩优股，但同时也包括了一些业绩不佳的股票，这就使得全指指数的走势相对平稳，并不能真实地反映出生物医药行业成长性较强的特征。在大多数情况下，成分指数是一个相对不错的选择。下面以沪深 300 医药卫生指数为例进行介绍。

1. 沪深 300 医药卫生指数及其构成

沪深 300 医药卫生指数由沪深 300 样本股中的医药卫生行业股票组成，以反映该行业公司股票的整体表现。沪深 300 医药卫生指数创立于 2007 年 7 月 2 日，以 2004 年 12 月 31 日作为基日，基日点位为 1000 点。沪深 300 医药卫生指数是由中证指数公司发布的，该指数的代码为：000913。

图 4–13　沪深 300 医药卫生指数日 K 线走势图

从图 4–13 中可以看出，沪深 300 医药卫生指数的整体涨幅较大。若从基准日算起，该指数上涨幅度达到了 11 倍有余，即使从 2007 年 7 月 2 日发布日算起，该指数的涨幅也超过了 3 倍。从日 K 线图中还可以看出，该指数发布时，正处于指数的高点位置，这更能说明该指数走势的强劲。

2. 沪深 300 医药卫生指数的十大权重股

沪深 300 医药卫生指数中权重最大的十只个股，如表 4–9 所示。

表 4–9　沪深 300 医药卫生指数十大重仓股

代码	简称	行业	权重（%）
600276	恒瑞医药	医药卫生	25.86%
603259	药明康德	医药卫生	8.15%
000661	长春高新	医药卫生	6.83%
300015	爱尔眼科	医药卫生	5.14%
300347	泰格医药	医药卫生	3.96%
000538	云南白药	医药卫生	3.91%
300003	乐普医疗	医药卫生	3.72%

（续表）

代码	简称	行业	权重（%）
600436	片仔癀	医药卫生	3.64%
002044	美年健康	医药卫生	3.6%
002007	华兰生物	医药卫生	3.5%

（资料来源：中证指数，截至 2019 年 12 月 31 日）

投资者若将本指数的十大重仓股与中证全指医药卫生指数的重仓股进行对比，可以发现二者之间高度雷同（达到 90%）。不过，二者之间最显著的区别在于，沪深 300 医药卫生指数重仓股的仓位占比要远远高于全指医药卫生指数。当然，这与二者之间股票数量的差距有关，毕竟该指数涵盖的股票数量仅为 29 只，这也是沪深 300 医药卫生指数的走势好于全指医药卫生指数的原因，毕竟优质股票的数量并不多。

3. 沪深 300 医药卫生指数的特点

沪深 300 医药卫生指数具有如下几个特点。

第一，在沪深 300 医药卫生指数中，白马股、绩优股和成长股较多，这就使得该指数的走势相对较好。

第二，从未来发展空间来看，由于医药卫生领域的龙头股都拥有较强的竞争能力，未来仍有望继续走高。

第三，当各类疫情或灾害出现时，医药卫生类股票经常会成为炒作的对象，从而促使整个指数上扬。

4. 基于沪深 300 医药卫生指数的基金

以易方达沪深 300 医药 ETF 基金为例。该基金以沪深 300 医药卫生指数为追踪标的，其业绩走势相对较佳，如图 4–14 所示。

从图 4–14 中可以看出，易方达沪深 300 医药 ETF 基金的走势一直都要强于沪深 300 指数。特别是 2018 年 5 月期间，沪深 300 指数已经开始下跌，易方达沪深 300 医药 ETF 基金仍处于上升趋势中，可见其走势之强。当然，该基金其后出现下跌时，跌幅也是很大的，这与当时医药体制改革，特别是带量采购有直接的关系。未来，拥有核心竞争优势的医药股票仍有望继续走高。

图 4-14 易方达沪深 300 医药 ETF 基金与沪深 300 指数走势对比图

第五章

窄基指数——策略指数

策略指数是与常规指数的选样、权重计算完全不同的一种指数。策略指数没有采用普通指数市值加权的方式计算指数，而是对股票某方面的共同优势进行加权汇总，如基本面加权、红利加权等。

目前，市场上常见的策略型基金包括基本面指数基金、红利指数基金、低波指数基金等。

第一节　红利策略指数及基金产品

在众多策略指数中，红利策略指数是比较典型的一款，也是使用比较广泛的一款。红利策略指数，是以股票每年分红的比例作为选择标准的指数产品。

红利策略指数构建的基本逻辑：在A股市场上，能够持续保持高额分红的企业，往往都是经营状况比较理想的企业。通过分红水平筛选得到的股票，往往是众多股票中的佼佼者。这类运营情况良好的股票，理应成为市场追逐的热点品种。

一、红利策略指数及基金产品

红利策略指数筛选股票的核心思想是选择股息率最高的股票。股息率的高低不仅取决于每年派发红利的额度，还与市价高低有关，其计算公式如下：

股息率 = 每周期（通常为12个月）现金分红额度 / 公告日股票收盘价

从上述公式可以看出，只有派发的股利越高，且股价越低，股息率才会高。也正因为这一点，才阻止了一些分红较高的股票成为候选标的，因为这些股票的价格可能也会较高。当然，不同指数编制机构设计的红利策略指数也会有所不同，但大体上是围绕筛选股息率最高的股票设计的。

目前，市场上的红利策略指数主要包括如下几种（部分），如表5-1所示。

表 5–1　红利策略指数列表

指数名称	发布机构	样本数量	指数简述	代表基金
上证红利指数	中证指数有限公司	50	沪市上市股票中股息率高，流通性好，且市值较大的股票	华泰柏瑞上证红利 ETF
中证红利指数	中证指数有限公司	100	沪深两市上市股票中股息率高，流通性好，且市值较大的股票	富国中证红利指数增强 大成中证红利指数 万家中证红利指数（LOF） 易方达中证红利 ETF 博时红利 ETF
沪深 300 红利指数	中证指数有限公司	50	沪深 300 指数中股息率高，流通性好，且市值较大的股票	建信沪深 300 红利 ETF
深证红利指数	深圳证券信息有限公司	40	深市具有稳定分红历史、较高分红比例且流动性较佳的股票	工银深证红利 ETF 联接
中信标普中国 A 股红利机会指数	中信标普指数服务公司	100	沪深两市持续盈利和净利润为正，股息率排名前 100 名的股票	华宝标普中国 A 股红利机会指数

二、经典指数——中证红利指数

下面以中证红利指数为例，简单介绍一下红利策略指数。

1. 中证红利指数及其构成

中证红利指数由沪深两市中现金股息率最高、分红稳定、具有一定规模及流动性的 100 只股票组成。该指数以股息率高低作为指数权重分配的依据，反映了沪深两市中高红利股票的整体走势情况。

中证红利指数创立于 2008 年 5 月 26 日，以 2004 年 12 月 31 日作为基日，基日点位为 1000 点。中证红利指数是由中证指数公司发布的，沪深两市都分别为其赋予了相应的代码：上海证券交易所的代码为 000922，深圳证券交易所的代码为 399922。

图 5–1 为中证红利指数日 K 线走势图。从图中可以看出，中证红利指数在十余年的振荡运行中，曾经随着整个股市的涨跌创出了若干个高点和低点。在 2015 年年中时段，该指数一度上涨至 6267.34 点，相比基准点数上

涨了 6 倍多，相比指数初创点位上涨了将近 1 倍。到了 2020 年年初的时候，股市经历了较长时间的下跌，中证红利指数的点位维持在 4500 点左右。相比于初创时的点位，涨幅并不大，这主要是因为该指数创建时，正好处于股市下行的半山腰，使得初创时点位过高。

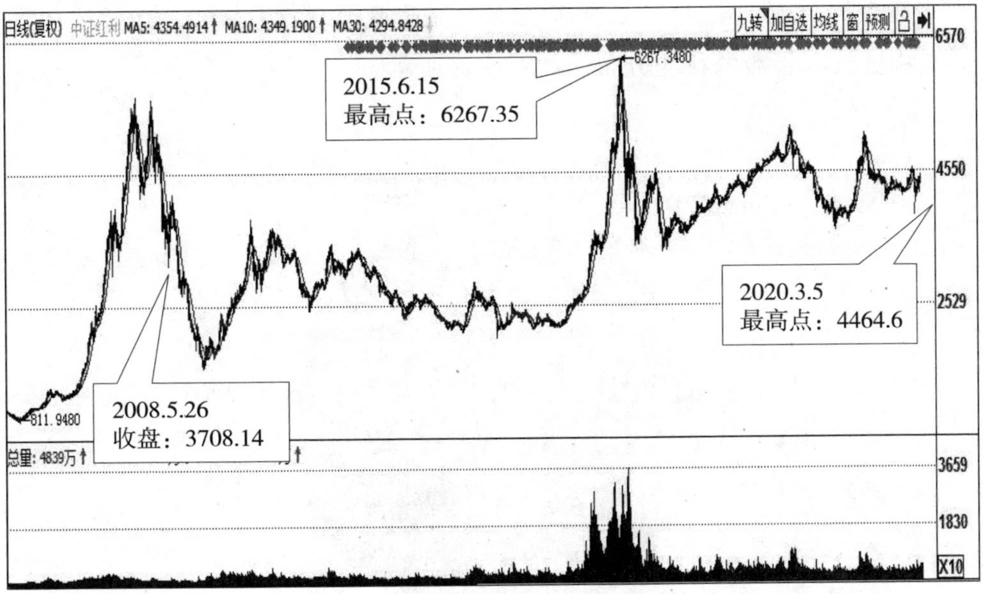

图 5-1　中证红利指数日 K 线走势图

2. 中证红利指数的选样与计算

中证红利指数的选样，主要包括这样几个环节。

第一步：确定中证红利指数的选样范围，其筛选标准如下。

（1）过去两年连续现金分红，且税后股息率大于 0；

（2）过去一年，A 股市场日均市值排名在 80% 以上；

（3）过去一年，A 股市场日均成交额排名在 80% 以上。

第二步：对剩余股票按照股息率由高到低排名，选取前 100 名作为样本股票。

第三步：计算中证红利指数。

中证红利指数的计算方法如下：

指数数值 = 当前调整市值 / 除数 × 基准点数

除数获取的方法同沪深 300 指数。

中证红利指数的基准点数为 1000 点。

调整市值的计算方法与沪深 300 指数相同，即以分级靠档法计算。

3. 中证红利指数的行业分布及十大权重股

中证红利指数的行业分布，如图 5-2 所示。

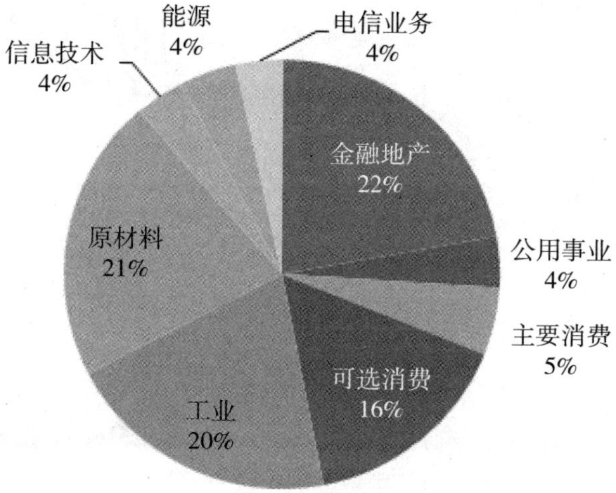

图 5-2　中证红利指数的行业分布

从图 5-2 中可以看出，中证红利指数所属的行业中，金融地产、原材料等行业占据了较大的份额。在上一章节介绍行业指数时曾经提到，近年来科技股表现优异，而金融地产股相对较弱，这在一定程度上会影响该指数的表现。

下面看一下该指数的重仓股，如表 5-2 所示。

从表 5-2 中可以看出，中证红利指数中各股票分布的行业相对比较分散，也就是说，无论何种行业都可能存在经营业绩较佳且分红较高的企业。同样，中证红利指数中重仓股所占的权重会随着现金股息率的波动产生变化，所以表中前十大重仓股的排名也不是一成不变的。

表 5-2 中证红利指数十大重仓股

代码	简称	行业	权重（%）
600507	方大特钢	原材料	2.54%
603328	依顿电子	信息技术	2.5%
002601	龙蟒佰利	原材料	2.29%
002110	三钢闽光	原材料	2.15%
002367	康力电梯	工业	2.11%
600114	东睦股份	工业	1.94%
601636	淇滨集团	原材料	1.75%
002242	九阳股份	可选消费	1.73%
600873	梅花生物	主要消费	1.59%
601033	柳钢股份	原材料	1.55%

（资料来源：中证指数，截至 2019 年 12 月 31 日）

4. 中证红利指数的特点

中证红利指数具有如下几个特点。

第一，行业分布比较广泛。在分红最高的 100 家公司中，消费品行业、房地产金融行业、工业领域的企业相对较多，但其他行业也占据较大的份额。

第二，中证红利指数包含的企业，从整体上来看，股价普遍偏低，且分红较佳，具有一定的投资优势。但同时也应该看出，这类企业的股票往往不属于市场资金热衷的炒作对象，否则股价就不会仍维持在低位了。

5. 基于中证红利指数的基金

目前，市场上以红利指数为基准的指数基金品种较多，又各有侧重。目前市场上较多的仍是以中证红利指数为追踪标的的策略型指数基金，因追踪的指数相同，基金收益也大体相似。下面以大成中证红利指数基金为例进行介绍。

这类基金往往具有如下两个特点。

第一，由于近些年来市场上的投资者越来越重视价值投资，也越来越关注股票的投资回报，因此，大成中证红利指数基金的收益率从最近几年开始与上证指数拉开距离。如图 5-3 所示。

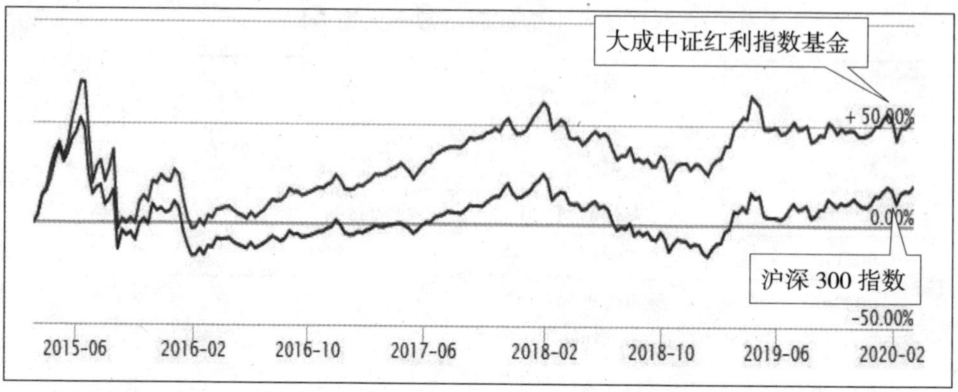

图 5-3 大成中证红利指数基金与沪深 300 指数走势对比图

图 5-3 中，大成中证红利指数基金的走势与沪深 300 指数的走势基本吻合。不过，大成中证红利指数的涨幅明显要高于沪深 300 指数。也就是说，相比于沪深 300 指数，以中证红利指数为追踪标的的基金是更合适的指数型基金产品。

第二，通常情况下，高分红的股票往往都会有相对更好的业绩作为支撑，因此，相对其他股票也更加抗跌。

第二节 基本面策略指数及基金产品

基本面策略指数是以股票基本面因素作为指数选样和仓位安排标准的，基本面因素包括营业收入、现金流、净资产和分红等四个因素。该指数主要通过以上四个基本面因素对市场上的股票进行筛选，并选择其中的优异者列入指数。换句话说，投资者购买该指数型基金，就是选择了一组基本面优异的股票组合。

一、基本面策略指数及基金产品

目前，市场上的基本面策略指数主要包括如下几种（部分），如表 5-3 所示。

表 5-3　基本面策略指数列表

指数名称	发布机构	样本数量	指数简述	代表基金
中证锐联基本面 50 指数	中证指数有限公司	50	沪深两市规模最大且符合四个基本面指标要求的股票	嘉实基本面 50 指数 嘉实中证锐联基本面 50ETF
中证锐联基本面 400 指数	中证指数有限公司	400	沪深两市中基本面价值排名第 201 名至第 600 名的 400 家上市公司	浦银安盛基本面 400 指数 泰信基本面 400 分级
深证基本面 60 指数	中证指数有限公司	60	以深市 A 股为样本空间，挑选基本面价值最大的 60 家上市公司	深证基本面 60ETF 建信深证基本面 60ETF 联接
深证基本面 120 指数	中证指数有限公司	120	以深市 A 股为样本空间，挑选基本面价值最大的 120 家上市公司	嘉实深证基本面 120ETF 嘉实深证基本面 120ETF 联接

二、经典指数——深证基本面 60 指数

下面以深证基本面 60 指数为例，简单介绍一下基本面策略指数。

1. 深证基本面 60 指数及其构成

深证基本面 60 指数是由深圳市场中基本面优良、具有一定规模及流动性的 60 只股票组成。该指数以股息率高低作为指数权重分配的依据，反映了深市高红利股票的整体走势情况。深证基本面 60 指数创立于 2010 年 5 月 10 日，以 2002 年 12 月 31 日作为基日，基日点位为 1000 点。深证基本面 60 指数是由中证指数公司发布的，指数代码为 399701。

图 5-4 为深证基本面 60 指数日 K 线走势图。从图中可以看出，深证基本面 60 指数在十余年的振荡运行中，曾经随着整个股市的涨跌创出了若干个高点和低点。在 2020 年 3 月 5 日，该指数上涨至 8714 点，相比基准点数上涨了 8 倍多，相比指数初创点位上涨了将近两倍。大家需要了解一点，该指数创始时间为 2010 年 5 月 10 日，当时大盘指数正处于振荡下跌途中，也就是说，该指数在 2020 年取得的业绩是基于较高的初始点位获得的，这更加说明该指数走势的强劲。

图 5-4　深证基本面 60 指数日 K 线走势图

2. 深证基本面 60 指数的选样与计算

在计算前，首先需要筛选股票样本，主要有如下几步。

第一步，确定候选股票范围。在深市上市的股票中，剔除上市不足一个季度（除非日均总市值排名前 30 位）的股票及 ST 股票。

第二步，按日均成交金额排名，剔除排名靠后的 20% 的股票。

确认候选样本股票后，投资者还需要通过以下几个步骤，锁定具体的样本股。

第一步，核算各只股票的基本面指标。

（1）营业收入：过去 5 年营业收入的平均值；

（2）现金流：过去 5 年的现金流平均值；

（3）净资产：公司在定期调整时的净资产；

（4）分红：过去 5 年分红总额的平均值。

注：若某公司可用数据少于 5 年，可直接用实际年数数据。

第二步，对各只股票分别计算四个指标数值占样本总额的百分比。

第三步，各只股票的基本面价值由上述四个指标占样本总额百分比的算数平均数乘以 10,000,000 得出。

第四步，对样本内各只股票的基本面价值进行排名，并提取前 60 名作为最终样本股。

第五步，计算最终的基本面指数。

$$指数数值=\frac{\Sigma 股本数\times 股价\times 加权比例\times 权重调整因子}{除数}\times 1000$$

当然，对于普通投资者来说，指数是如何计算得出的其实并不重要，只要重点关注指数的四个核心维度即可。

3. 深证基本面 60 指数的行业分布及权重股

深证基本面 60 指数的行业分布，如图 5-5 所示。

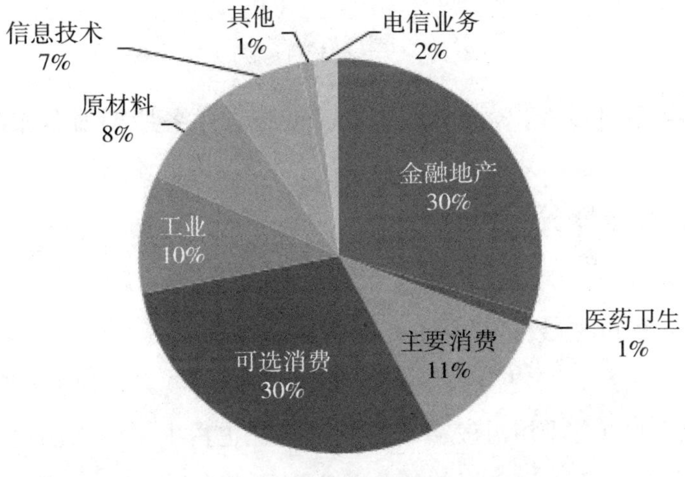

图 5-5　深证基本面 60 指数的行业分布

从图 5-5 中可以看出，深证基本面 60 指数所属的行业中，金融地产、可选消费等行业占据了较大的份额。在上一章节介绍行业指数时曾经提到过，最近两年，科技股表现优异，而金融地产股票相对较弱，这在一定程度上会影响该指数的表现。

下面再看一下该指数的重仓股，如表 5-4 所示。

表 5-4　深证基本面 60 指数十大重仓股

代码	简称	行业	权重（%）
000651	格力电器	可选消费	9.7%
000002	万科 A	金融地产	8.77%
000333	美的集团	可选消费	7.16%
000100	TCL 科技	可选消费	6.37%
000001	平安银行	金融地产	6.25%
000725	京东方 A	信息技术	3.87%
000338	潍柴动力	工业	3.27%
000858	五粮液	主要消费	3.05%
000625	长安汽车	可选消费	2.61%
300498	温氏股份	主要消费	2.4%

（资料来源：中证指数，截至 2019 年 12 月 31 日）

从表 5-4 中可以看出，深证基本面 60 指数中各股票所分布的行业相对比较分散，不过，其中却涵盖了很多领域的龙头股和绩优股。从重仓股情况来看，该指数的走势会比较稳健。

4. 深证基本面 60 指数的特点

深证基本面 60 指数具有如下几个特点。

第一，行业分布比较广泛。在基本面优异的这 60 家公司中，消费品行业、房地产金融行业的企业相对较多，但其他行业也占据了较大的份额。这些各个领域的龙头股保证了整个指数的收益水平不会太低。

第二，在深证基本面 60 指数中，营业收入、现金流、净资产、分红额等指数位居前列的股票，都属于行业内的绩优股，因此，从本质上来看，该指数的走势反映的是市场上绩优股的表现。

5. 基于深证基本面 60 指数的基金

目前，市场上以基本面指数为基准的指数基金品种较少。未来，随着投资者对基本面指标重视程度的加深，以基本面为核心的指数型基金有望进一步增加。下面以深证基本面 60 指数 ETF 为例进行介绍。

深证基本面 60 指数 ETF 基金，是由建信基金发行的一款指数型基金产品。由于近些年来市场上的投资者越来越重视价值投资，也越来越关注股票的投资回报问题，因此，深证基本面 60 指数 ETF 基金的收益率从最近几年开始与上证指数拉开距离，如图 5-6 所示。

图 5-6　深证基本面 60 指数 ETF 基金与沪深 300 指数走势对比图

在图 5-6 中，深证基本面 60 指数 ETF 基金的走势与沪深 300 指数的走势基本吻合。不过，深证基本面 60 指数 ETF 基金的涨幅明显要高于沪深 300 指数。其实，很多深证基本面 60 指数 ETF 基金中的重仓股，也是沪深 300 指数的重仓股。从某种意义上来看，投资者在投资指数型基金时，用深证基本面 60 指数 ETF 替代沪深 300 指数也是不错的选择。

第三节　其他策略指数

除了前面介绍的两类策略指数外，指数公司还开发了很多其他类型的策略指数。这些类型的策略指数应用范围相对较小，这里只略作介绍，以供读者参考。

一、低波指数

低波指数是最近几年兴起的一个概念，即由某一范围内波动率较低的股票组成。低波动性是一个与高波动性相反的概念。大家知道，以短线交易角度选择股票时，我们肯定希望选择一些处于快速上涨阶段的股票。这类股票的典型特点就是波动性较大，所以短期内存在上涨的可能，同时，当这类股票上涨结束以后，往往还有一段长时间的下跌走势，这就是典型的高波动股票。低波动股票与之正好相反，低波动股票通常属于那些上涨或下跌幅度都不大的股票。

1. 主要的低波指数

目前，市场上的低波指数主要包括以下几类，如表 5–5 所示。

表 5–5　低波指数列表

指数名称	发布机构	样本数量	指数简述	代表基金
沪深 300 行业中性低波动指数	中证指数有限公司	100	在沪深 300 指数一级行业内选取低波动特征的股票	华安沪深 300 行业中性低波动 ETF
中证 500 行业中性低波动指数	中证指数有限公司	150	在中证 500 指数二级行业内选取低波动特征的股票	景顺长城中证 500 行业中性低波动指数 华安中证 500 低波 ETF 华安中证 500 低波 ETF 联接
中证红利低波动指数	中证指数有限公司	50	选取股息率高且波动率低的 50 只股票	建华泰紫金红利低波指数发起 创金合信中证红利低波动指数 华泰柏瑞中证红利低波动 ETF 华泰柏瑞中证红利低波 ETF 联接
沪深 300 红利低波动指数	中证指数有限公司	50	从沪深 300 样本股中选取 50 只流动性好、连续分红、股息率高且波动率低的股票	嘉实沪深 300 红利低波动 ETF 嘉实沪深 300 红利低波动 ETF 联接
上证红利低波动指数	中证指数有限公司	50	选择沪市股息率高且波动率低的 50 只股票	兴业上证红利低波动 ETF

2. 低波指数的走势与投资分析

理论上来看，这类股票的走势相对稳健，属于稳定上升的品种。也就是说，相对于高波指数，低波指数更适合长线投资。从市场情况来看，很多低波动股票往往同时又属于长期滞涨的低价股，因此，从沪深 300 指数或中证 500 指数样本股中选择低波动股票，似乎是一个不错的选择。然而，在这些低波动股票中，仍含有一些低收益的股票。下面看一下基于中证 500 红利低波动指数的华安中证 500 低波 ETF 基金的走势情况，如图 5-7 所示。

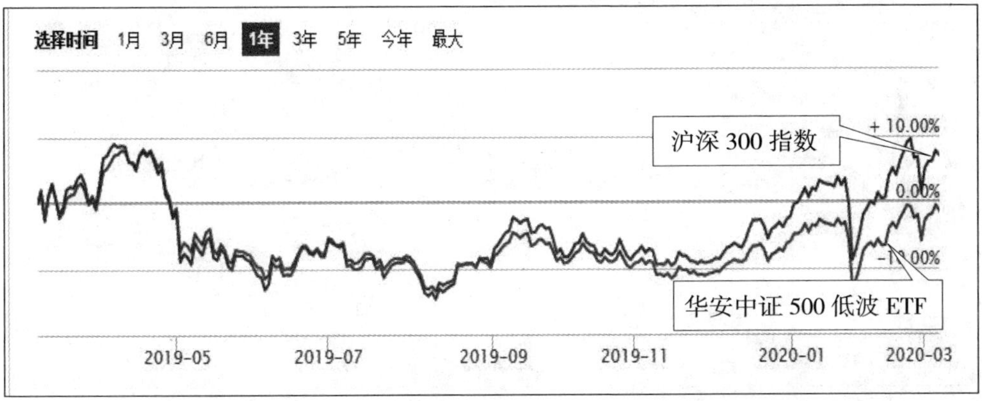

图 5-7　华安中证 500 低波 ETF 基金与沪深 300 指数走势对比图

从最近一年的走势来看（很多低波指数型基金成立时间都比较短，因此还需要进一步观察其长期的业绩水平），该指数型基金在大多数时间内都与沪深 300 指数走势重合。不过，进入 2020 年前后，沪深 300 指数的上扬幅度要远远超过华安中证 500 低波 ETF 基金。也就是说，该基金过去并未显示出其竞争能力。

从目前情况来看，还没有表现特别出色的低波指数型基金，投资者在投资时还需要谨慎选择此类指数型基金。

二、高贝与低贝指数

高贝与低贝指数也是一种反映股票波动性的指数。与前面提及的波动有所不同，高贝与低贝指数还引入了市场平均波动的概念。高贝与低贝指数的核心是贝塔值，贝塔值的计算与样本股日收益率、基准指数日收益率有关。也就是说，日收益率与基准指数日收益率之间的偏离程度越大，贝塔值越高，反之，则越低。贝塔值的算法比较复杂，这里不做过多的讲解。

以贝塔值作为选择样本股标准的指数很多，如沪深 300 高贝、沪深 300 低贝、上证 180 低贝、上证 180 低贝等，但真正应用到基金投资方面的并不多。目前，市场上只有招商沪深 300 高贝塔指数分级基金一只。如图 5-8 所示。

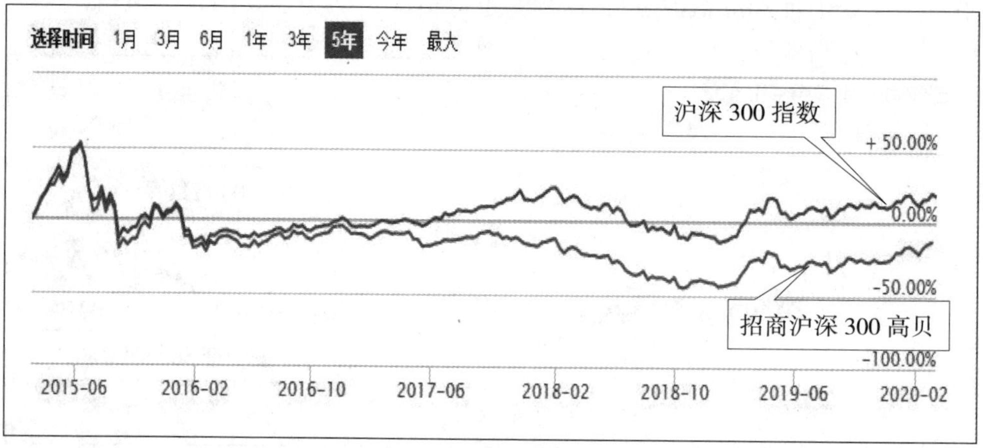

图 5-8　招商沪深 300 高贝塔指数分级基金与沪深 300 指数走势对比图

招商沪深 300 高贝塔指数分级基金成立于 2013 年 8 月 1 日，属于成立时间较早的高贝指数基金。从图 5-8 中可以看出，在最近 5 年里，该基金的收益水平大部分时间都要弱于沪深 300 指数，这也导致了这类基金后来很少发行。

三、质量成长指数

质量成长指数是指数公司最近几年开发的一款比较实用的策略型指数。质量成长指数的核心评价要素包括企业的盈余波动率、净资产收益率、净利润增速相对市盈率比率、现金流与营业利润和负债等项目。

总体来说，质量成长指数涵盖的样本股一般都属于质量尚佳的绩优股，具有较强的成长潜力。但由于该指数推出时间较晚，目前市场上只有鹏扬中证 500 质量成长指数一只该类型的指数型基金。如图 5-9 所示。

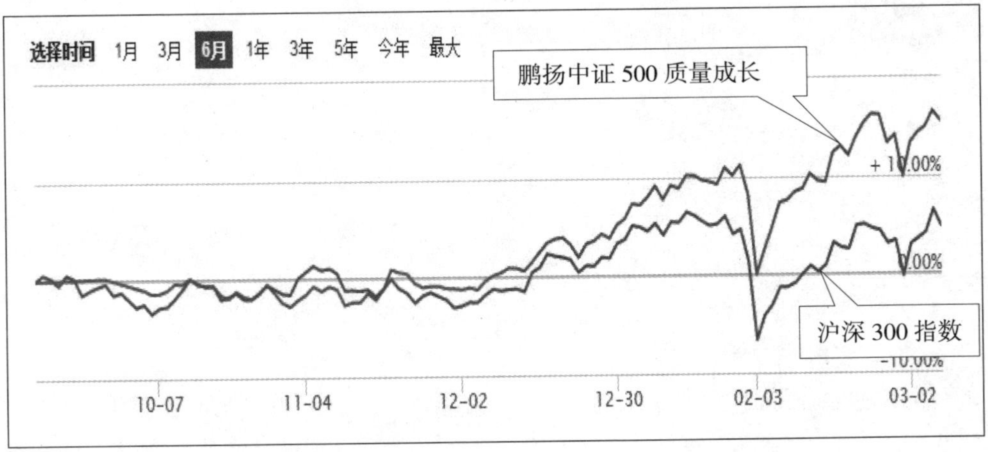

图 5-9　鹏扬中证 500 质量成长基金与沪深 300 指数走势对比图

鹏扬中证 500 质量成长基金成立于 2019 年 8 月 29 日，属于成立时间较晚的质量成长指数基金，这与质量成长指数发布的时间较晚也有一定的关系。从图 5-9 中可以看出，在最近半年里，该基金的收益水平大部分时间都要强于沪深 300 指数。当然，由于指数和基金的创立时间都较晚，其收益情况还需要进一步观察。

第六章

ETF 基金交易策略与方法

ETF 基金属于比较特殊的指数型基金，该基金兼具指数型基金、封闭型基金的优势与特色。

第一节 ETF基金的申购

ETF基金全称为交易性开放式指数型基金，从名称中可以看出三层意思：首先，这是一种指数型基金，这就意味着，这类基金都以某种指数为跟踪标的。如华泰柏瑞沪深300ETF基金，就是一种以沪深300指数为跟踪标的的指数型基金。其次，这是一种开放式基金，这就意味着投资者可以自由地向基金公司申购与赎回。不过，申购ETF基金时，投资者需要支付的并不只是现金，还需要按照指数仓位分配情况提供相应的股票，赎回ETF基金时，所获得的也是一篮子股票；第三，这是一种交易型基金，即这种基金可以像股票一样在场内交易。

通过以上介绍可以发现，投资者可以通过场内和场外两个渠道交易该基金，即投资者可以像交易股票一样交易ETF基金的份额，也可以通过向基金公司营业部申购或赎回该基金。不过，在申购该基金时，必须提供相应的股票及现金，从基金公司赎回的也将是股票。也就是说，因为该基金存在两种交易渠道，且两者之间可能存在一定的价差，就可能会产生套利的空间。

ETF基金的申购与其他指数型基金相同，也包括认购与申购两种形式。

一、ETF基金的认购

投资者可以通过证券公司营业部柜台、电话委托、证券公司的网上交易系统，以现金方式或股票实物的方式认购ETF基金。具体方法如下。

（1）网上交易系统内认购。持有证券账户的投资者，可利用电话委托或网上证券交易系统，直接以现金的方式认购ETF基金。通常情况下，基金认购的最低限额为 1000 份或其整数倍。

（2）网下认购。投资者可持有证券账户，通过证券公司各营业网点，使用现金或股票认购基金份额。按照相关规定，投资者可通过持有的相关股票的金额申购相应的基金份额。当然，投资者提供股票的市值金额是需要按照基金管理人的计算方法进行计算得出的。

换句话说，投资者认购 ETF 基金一般都是通过证券公司再转入基金公司而确认份额的，毕竟若是通过实物认购，只有证券公司能够帮助确认所持仓的股票及数量。

二、ETF 基金的申购与赎回

ETF 基金的申购与赎回包括以下两种方式。

（1）提供一篮子股票换取 ETF 基金份额，赎回 ETF 基金份额获得的也是一篮子股票。投资者若需要申购 ETF 基金份额，其实并不需要一只股票一只股票地去买。在很多开通 ETF 基金申购与赎回功能的证券公司的网上交易系统中，投资者只需点击相应的申购 ETF 基金的选项，输入 ETF 基金代码，系统就会自动列出该基金所包含的全部股票及所需数量清单（PCF 清单），投资者一键即可完成一篮子股票的申购，然后就可以转换成 ETF 基金份额了。

由于 ETF 基金份额的初始净值为每份 1 元，而一篮子股票的价值少则十几万元，多则几十万元，因此，投资者通过股票申购 ETF 基金份额所需的资金往往都比较高。

按照 ETF 基金的申购与赎回程序，投资者提供相应的证券向证券公司发送申购请求后，证券公司会将指令传送至交易所，然后再转入基金公司。基金公司同意后，再传回至交易所，反馈给证券公司，完成基金的申购操作。其申购和赎回的过程，如图 6-1 所示。

投资者可以从沪深交易所中的 ETF 专区查询获得 PCF 清单。该清单是一个动态调整的清单，并不是一成不变的。该清单会列出该 ETF 基金三个成份证券的名称、证券代码及数量、现金替代溢价比例、固定替代金额和现金替代标志等信息。如图 6-2 所示。

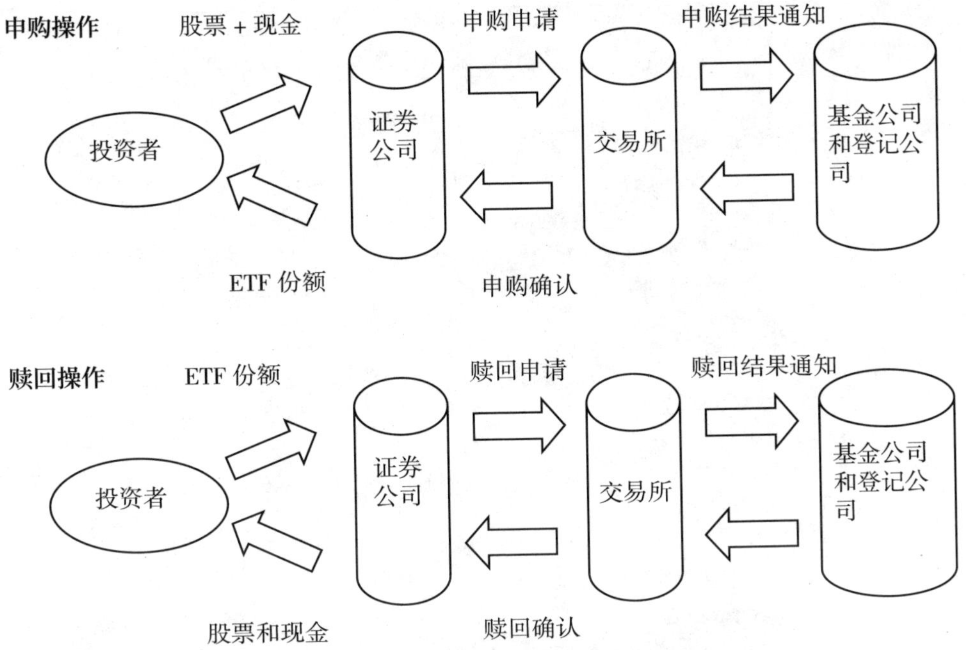

图 6–1　ETF 基金申购与赎回流程

从图 6–2 中可以看出，该 ETF 基金对最小申购单位、现金替代比例以及成份股构成都做了详细的说明，投资者只需按照该清单的要求准备股票就可以申购了。

图中的现金替代标志大致分为四类：禁止现金替代、允许现金替代、必须现金替代和退补现金替代。

A. 禁止现金替代。即该股票投资者必须使用股票向交易所申购 ETF 基金，不能用现金替代。有些时候，ETF 基金中的成份股进行配股期间，基金公司为了维护持有基金的投资者的利益，会选择禁止现金替代，要求申购 ETF 基金的投资者必须提供成份股股票。2010 年 3 月，招商银行在配股期间，基金公司就将该股票的标示设置为“禁止现金替代”了。

B. 允许现金替代。也就是说，投资者可以选择用现金替代股票来申购 ETF 基金。不过，用现金替代股票时，投资者必须支付一定的溢价款，毕竟股价是处于波动之中的，基金公司设置的溢价比例一般为 10% 左右。目前，

最新公告日期	2019-03-08
基金名称	易方达沪深300医药交易型开放式指数证券投资基金
基金管理公司名称	易方达基金管理有限公司
一级市场基金代码	512011

2019-03-07日内容信息

现金差额(单位:元)	¥2706.57
最小申购、赎回单位净值(单位：元)	¥1580639.57
基金份额净值(单位:元)	¥1.5806

2019-03-08日内容信息

最小申购、赎回单位的预估现金部分(单位:元)	¥4533.57
现金替代比例上限	50%
申购上限	无
赎回上限	300000000
是否需要公布IOPV	是
最小申购、赎回单位(单位:份)	1000000
申购赎回的允许情况	申购和赎回皆允许

成份股信息内容

证券代码	证券简称	股票数量(股)	现金替代标志	现金替代溢价比率	替代金(单位：人
000423	东阿阿胶	1000	深市退补	10%	46
000538	云南白药	1100	深市退补	10%	94
000661	长春高新	300	深市退补	10%	74
000963	华东医药	1500	深市退补	10%	46

图 6-2　易方达沪深 300 医药 ETF 基金申购赎回清单

大多数 ETF 基金的成份股，投资者都可以用现金替代，不过，对于想要借助 ETF 基金套利的投资者来说，现金替代并不是好事，毕竟溢价款也不少。

C. 必须现金替代。投资者申购 ETF 基金时，必须用现金替代该成份股的股票。通常情况下，当该股票出现停牌或某些异常时，基金公司出于保护投资者利益的角度，往往会选择使用“必须现金替代”标示。

D. 退补现金替代。目前，ETF 基金既有在沪市上市的，也有在深市上市的。而基金包含的成份股也可能跨越两个交易所，例如沪深 300ETF 基金，就涵盖了两个交易所上市的股票。在沪市上市的 ETF 基金中，若成份股中含有深市上市的股票，投资者申购该基金，则需提供相应的现金由基金公司代为购买深市的股票，多退少补。这就是该类股票中“退补现金替代”的含义。

（2）直接在二级市场购买 ETF 基金份额。投资者可以像购买股票一样，在二级市场通过网上交易系统直接购买 ETF 基金份额。

二级市场交易 ETF 基金的规则与股票相似，最低买入量为 1 手（1 手 =100 份），每日涨跌停幅度为 ±10%。ETF 基金最小报价单位为 0.001 元。与交易股票不同的是，交易 ETF 基金或其他基金品种，是不需要缴纳印花税的，因为基金公司在买卖股票时已经交过一次印花税了。

二级市场上 ETF 基金的净值报价是随着股票价格的波动实时更新的，市场上的交易价格则会因为买卖双方的交易行为而出现波动，不过，这种波动总体上是围绕净值展开的，如图 6-3 所示，为沪深 300ETF 基金的分时走势图。

从图 6-3 中可以看出，沪深 300ETF 基金的最新报价基本上是围绕净值上下波动的，二者之间的差距很小。若二者之间出现较大的落差，必然会导致套利者进行套利操作，从而使最新报价重新向净值回归。

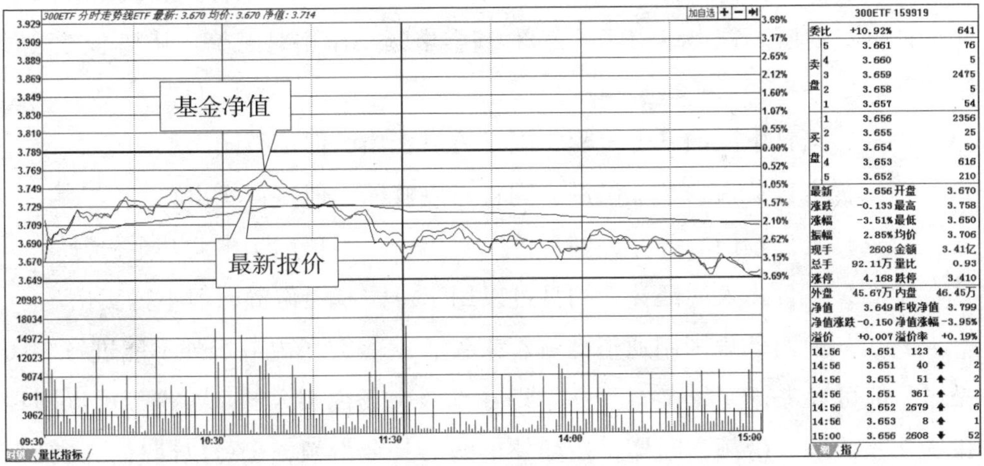

图 6-3　沪深 300ETF 基金分时走势图

对于普通投资者来说，通过证券公司的股票账户申购 ETF 基金，无疑是最简单和最现实的操作，否则，投资者需要构建一篮子股票，这是非常麻烦的事。在股票交易系统内部，只需要一键即可完成一篮子股票的申购操作。当然，由于 ETF 基金是由一篮子股票构成的，因此，直接申购 ETF 基金份额所需的资金也是比较多的，一般来说，申购 ETF 基金的门槛在 50 万元到 100 万元之间，对于资金规模较小的散户来说，还是直接从二级市场交易 ETF 基金份额更为现实。

第二节　ETF 基金交易规则

交易 ETF 基金因基金内部股票的构成不同而有所不同。

一、单市场 ETF 基金的交易规则

在 ETF 基金中，有一些基金品种所包含的股票同属于单一的证券交易所，即上海证券交易所或深圳证券交易所。例如，上证 50ETF 基金包含的股票全部属于上海证券交易所，易方达创业板 ETF 基金所包含的股票全部属于深圳证券交易所。这类单市场的 ETF 基金申赎操作相对简单，其基本交易规则如下。

第一，当日申购的基金份额，同日可以卖出，但不得赎回；

第二，当日买入的基金份额，同日可以赎回，但不得卖出；

第三，当日赎回的证券，同日可以卖出，但不得用于申购基金份额；

第四，当日买入的证券，同日可以用于申购基金份额，但不得卖出。

其实，前两条规则用通俗的解释来说，就是在场内或场外不能进行 T+0 操作，但可以进行变相 T+0 操作。即在二级市场内买入的基金份额可以同日在场外赎回基金份额，同样，在场外申购的基金份额，也可以同日在二级市场内卖出。但在二级市场内买入的基金份额，不能同日在二级市场内卖出，在场外申购的基金份额，也不能同日再进行赎回操作。

总之，当日买入的证券不能当日卖出，只能用于申购 ETF 基金，这是股市的基本交易规则。当日赎回的证券，只是属于整个赎回操作的一部分，可以将其继续卖出，换取现金，但不能进行申购 ETF 基金的操作，这一点和股市交易规则并不相同。正是因为投资者可以在场外与二级市场进行变相

T+0 操作，才使得 ETF 基金的最新报价与基金净值不至于偏离太多，因为一旦出现偏差，就会有大量套利者进行套利操作。

比如，上证 50 指数涵盖的股票全部在上海证券交易所上市交易。华夏上证 50ETF 指数基金在上海证券交易所上市，代码为 510050。投资者通过基金网站可以查询该基金的净值走势，如图 6–4 所示，为该基金在 2020 年 3 月 13 日的盘中估值走势。

投资者可借助图 6–4 中的净值走势图来研判华夏上证 50ETF 指数基金的净值情况，同时还可以观察该时段该基金的交易价格走势，如图 6–5 所示。

对比图 6–4 和图 6–5 可以看出，华夏上证 50ETF 指数基金的净值走势与交易价格波动趋势基本一致，但在交易过程中，二者之间也存在一些价差。毕竟图 6–5 中的盘中交易价格是在投资者的交易过程中产生的，其中必然会夹杂一些个人情绪在里面。若某一时刻二者之间的价差放大，投资者就可以考虑入场进行套利操作。不过，在套利过程中，还有一个时间差的问题，即投资者在二级市场可以即时买入或卖出 ETF 份额，且即时成交；而申购或赎回 ETF 份额所需的时间相对较长，在这段时间内，二者之间的差价可能会被抹平。

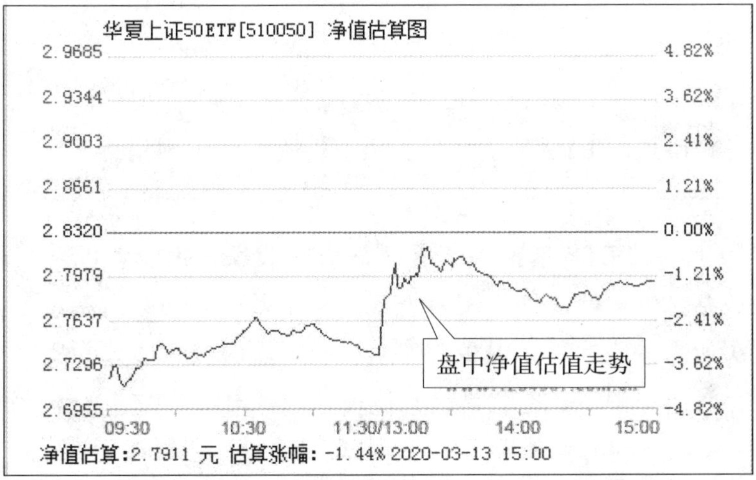

图 6–4　华夏上证 50ETF 指数基金盘中估值走势（2020.3.13）

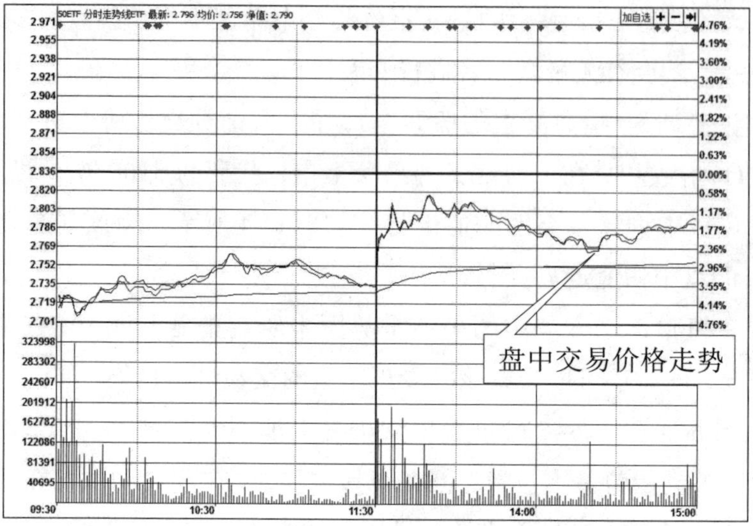

图 6-5　华夏上证 50ETF 指数基金盘中交易价格走势（2020.3.13）

二、跨市场 ETF 基金的交易规则

跨市场 ETF 基金的操作相对比较复杂。目前很多 ETF 基金包含的股票既有在沪市上市的，也有在深市上市的，而 ETF 基金上市的交易所可能在沪市，也可能在深市。在沪市上市的股票代码都是 6 开头的，如 600100、601100 等，在沪市上市的基金代码是 51 开头的，如 510051 等；在深市上市的股票代码都是 0 或 3 开头的，如 000100、300100 等，在深市上市的基金代码是 159 开头的，如 159932 等。这时就涉及到一个跨市场 ETF 基金交易的问题。跨市场的 ETF 基金交易，因市场不同，规则稍有不同。

1. *沪市跨市场 ETF 交易规则*

在沪市上市的 ETF 基金中若含有深市的股票，投资者可采用现金替代的方式完成基金的申购。即投资者将现金交给基金公司，由基金公司按照实时价格购买所需的股票，多退少补。基金公司实时买入股票，实时确认 ETF 基金份额，效率非常高。也就是说，投资者当日申购 ETF 基金，当日就可以确认 ETF 基金份额。

比如，华泰柏瑞沪深 300ETF 基金就是一只典型的在上海证券交易所上市的跨市场交易的 ETF 基金，其交易代码为 510300。由于沪深 300 指数构成的股票中既有上海证券交易所上市交易的股票，又有深圳证券交易所上市的股票，而申购 ETF 基金时，需要提供一篮子股票，那么在沪市上市的基金想要获得深市的股票，就需要到深市去购买。在目前的规则下，投资者需要提供相应的现金，让基金公司代为购买。购买价格因市场具有一定的波动性，可能随时会发生变化。

2. 深市跨市场 ETF 交易规则

通常情况下，投资者在深市申购 ETF 基金时，需要提供一篮子的股票。这些在深市上市的股票比较好确认，而在沪市上市的股票则无法判断其是否真实存在，因此，当投资者提出申购请求后，需要第二天由中登结算公司进行清算确认，然后将交易结果反馈回证券交易所，最终完成 ETF 基金的申购操作，也就是 T+2 日才能确认最终的基金份额。相对于沪市的规则，深市的规则效率较低，但可以降低操作风险，运作透明。

比如，华夏国证半导体芯片 ETF 基金就是一只在深市上市的跨市场交易的 ETF 基金，其交易代码为 159995。

由于国证半导体芯片指数构成的股票中既有上海证券交易所上市交易的股票，又有深圳证券交易所上市的股票，而申购 ETF 基金时，需要提供一篮子股票，那么，在深市上市的基金想要获得沪市的股票，就需要到沪市去购买。在目前的规则下，投资者提交交易申请后，第二天才能确认交易的份额。对于想要进行 ETF 套利的投资者而言，这种操作效率肯定是不合适的。

第三节　ETF 基金套利技巧

正常情况下，投资者向基金公司申购或赎回 ETF 基金需要提供或赎回的都是股票，而在二级市场内交易 ETF 基金份额则不需要提供股票。

若二级市场内的基金份额价格与基金净值出现偏差，就会有套利者将二级市场的基金份额赎回股票或用股票换取基金份额到二级市场出售，以完成套利操作。另外，在单市场或沪市进行 ETF 套利，还可以实现 T+0 操作，这样资金利用效率将会大大提升。

ETF 基金套利存在的前提是存在套利空间，即当大盘快速拉升或恐慌性下跌时，ETF 基金最新报价也因大量缺乏经验的投资者进行疯狂追涨或恐慌杀跌而出现明显高于净值或低于净值的情况。不过，在选择 ETF 套利的标的时应该注意一点：尽量选择单市场的 ETF 基金或在沪市上市的跨市场 ETF 基金，深市上市的跨市场 ETF 基金的结算周期较长，不适合进行套利操作。

一、ETF 基金现价高于净值——周期 ETF

当股价启动一波快速上升行情时，很多缺乏投资经验的投资者在买入 ETF 基金份额时，可能会为了快速成交而不考虑其与净值的偏离程度，因此出现 ETF 基金最新报价明显高于净值的情况，此时就是投资者一个极佳的套利机会。

此时，投资者可直接用一篮子股票申购 ETF 基金份额，然后将基金份额在二级市场卖出，从而完成一次套利操作。下面来看一下海富通上证周期 ETF 基金的分时走势图，如图 6-6 所示。

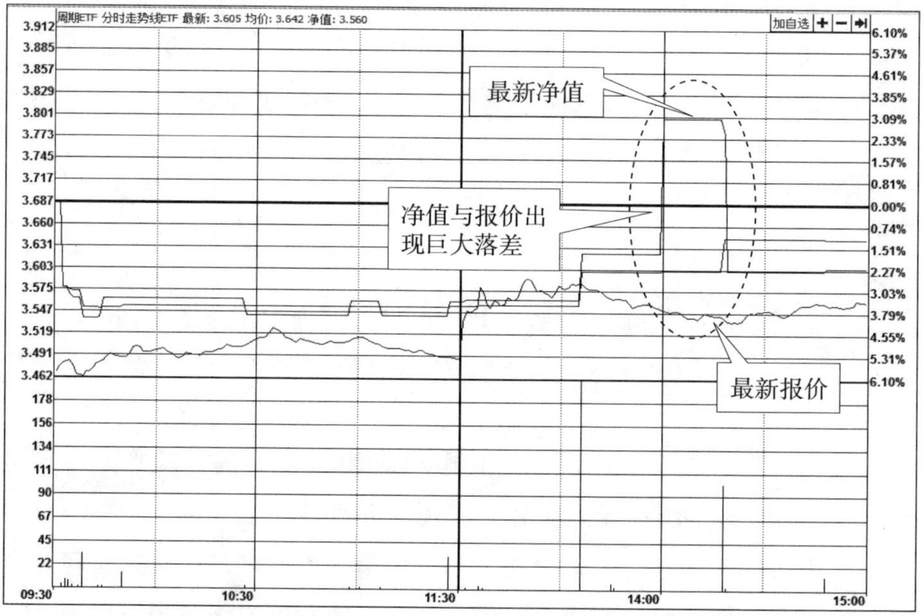

图 6-6 海富通上证周期 ETF 基金净值与报价走势图

从图 6-6 中可以看出，海富通上证周期 ETF 基金在 2020 年 3 月 13 日下午两点左右出现异动，基金的价格迅速被拉高，而基金的净值却并未同步走高，此时，基金净值与基金报价之间出现了巨大的落差，这种落差的最大差距达到了 6 个百分点。对于想要进行 ETF 基金套利的投资者而言，这是一个绝佳的机会，于是很多套利盘申购 ETF 基金后在二级市场卖出，最终导致基金净值与最新报价之间的差距迅速缩小。

投资者若能捕捉到 ETF 基金的套利机会，将会在短时间内获得 6 个百分点左右的收益。由于海富通周期 ETF 基金跟踪的标的指数为上证周期指数，因此，投资者的套利操作相对比较简单。

二、ETF 基金现价低于净值——深价值 ETF

当股价出现一波恐慌性杀跌行情时，很多缺乏投资经验的投资者在卖出 ETF 基金份额时，可能会为了快速成交而不考虑其与净值的偏离程度，因此出现 ETF 基金最新报价明显低于净值的情况，此时就是投资者一个极佳的套利机会。

当出现套利机会时，投资者可直接在二级市场买入 ETF 基金份额，然后再将基金份额赎回，最后将赎回的股票卖出，从而完成一次套利操作。下面来看一下交银深证 300 价值 ETF 基金的走势，如图 6-7 所示。

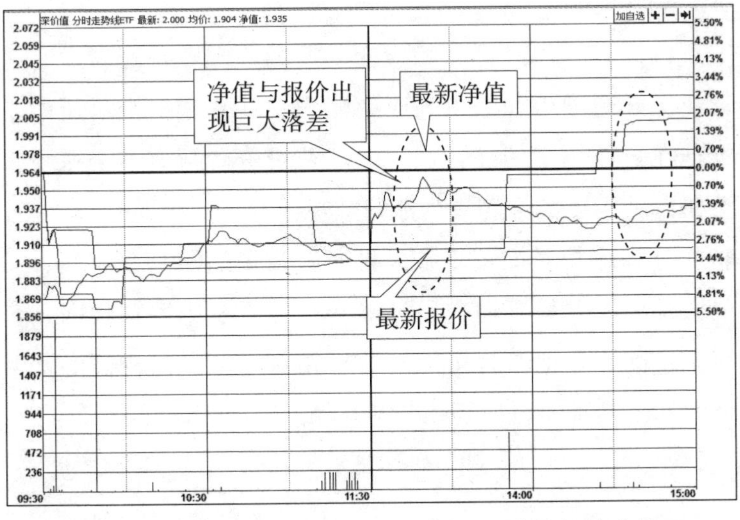

图 6-7 交银深证 300 价值 ETF 基金净值与报价走势图

从图 6-7 中可以看出，交银深证 300 价值 ETF 基金的净值在 2020 年 3 月 13 日下午开盘后随着大盘指数的上攻而快速走高，此时，基金的交易价格却并未发生太大的变化，导致基金净值与基金报价之间出现了巨大的落差，这种落差的最大差距超过了 3 个百分点。对于想要进行 ETF 基金套利的投资者而言，这是一个绝佳的机会。于是，很多套利盘买入 ETF 基金份额后赎回股票，再将赎回的股票卖出获利了结，最终导致基金净值与最新报价之间的差距迅速缩小。投资者若能捕捉其间的套利机会，将会在短时间内获得 3 个百分点左右的收益。

三、基金套利与转托管问题

投资者采用场外申购基金、场内卖出时，需要考虑基金的转托管问题。只有在证券公司的交易系统内部申购基金，然后场内卖出时，才不会涉及转托管的问题。也就是说，投资者若在其他基金销售机构申购基金拿到场内卖出，还需履行一定的转托管手续。

具体步骤如下。

第一步，联系券商，确认营业部在证券交易所的坐席代码。若基金是在深市上市的，需询问在深交所的坐席代码；若是在沪市上市的，则需询问在沪市交易所的坐席代码。

第二步，确认自己已经拥有相应交易所的证券账户。若没有账户，则需前往证券营业部开通沪市和深市的股票账户。联系相应交易所的基金席位，将基金份额挂在自己相应的证券账户内。若投资者持有多个账户，则需将基金份额挂靠在自己用于基金套利的账户。

场外转托管程序相对比较复杂，投资者为了缩短套利时间，避免场内基金价格出现大幅波动，最好还是通过证券交易系统申购或赎回基金，这样比较方便快捷。目前很多证券公司给出的折扣力度已经与专门的基金销售机构持平，有个别基金品种还可以提供 1 折的优惠。

第七章

指数基金投资三部曲——找指数

指数是指数型基金的灵魂。投资指数型基金的第一步，就是寻找适合自己的指数。前面介绍了很多种指数，包括宽基指数和窄基基数，特别是窄基指数中的策略指数基金，更是为投资者提供了多种选择。

第一节　看清指数投资的本质

从某种意义上来说，指数投资的本质就是投资指数背后的股票。指数不同，其蕴含的风险和收益也不尽相同。

一、指数与经济形势

指数投资，实质上就是在投资指数背后的一篮子股票。由于指数包含股票数量众多，个别股票出现异常的大幅上涨或下跌时，其他数量众多的股票则可以通过整体的力量修正这种不合理走势，进而使整个指数走势更加符合实际情况。也就是说，指数反映的最终还是某一个整体或某一板块内企业的整体运行态势，比如沪深 300 指数、上证指数，反映的是整个国民经济的运行态势。指数的样本股数量越多，覆盖范围越广，其走势越倾向于平均化，也就与经济走势的趋势更加吻合。

当然，很多时候，A 股市场总是给人一种与经济基本面脱离的感觉，毕竟这些年来国民经济取得了较快的发展，而反映股票市场走势的上证指数却如同坐过山车一样，上蹿下跳，截至 2020 年 3 月初，上证指数还停留在 3000 点左右的水平，与 10 多年前的水平相差不大。关于这个点位，其实需要从多个角度来解读。

第一，我国股市成立时间较晚，还极不成熟。在一个不成熟的市场里，投资者对股票的内在定价规律并不熟悉，同时，又由于股市创立初期股票数量稀少，很容易造成投资者对股票的蜂拥追捧，导致股市暴涨。然而，这种没有经济基本面支撑的暴涨，必然会随着投机的结束而陷入暴跌。此后，由于市场上投资者的信心需要恢复，使得股市长期陷入底部滞涨状态。从整体上来看，这都是市场和投资者不成熟的表现。未来，随着股票市场的不断成熟，投资者也会逐渐更加深入地认识股市，股市与经济的关系也会随之修复。

第二，之前我国股市的新股发行制度为核准制，即股票的发行上市需要证监会的全程审核，这就使得新股上市周期特别长，而且股票成功上市后就会成为一种稀缺资源，很少有股票会退市，这就使得市场上的股票都是非常有价值的，即使这些股票是垃圾股，但其壳资源也具有较高的价值。以上种种原因，导致整个股票市场的指数脱离了经济基本面。以后，随着注册制的推行，股票发行和退市都将成为常态，越来越多的优秀企业将会登陆股市，而垃圾股也将大批量退市，股票市场的指数也将走向正常。

第三，从目前股市的实际情况来看，各个行业的股票都存在绩优股和垃圾股，因此，基于成份股的股票指数显然要优于全指指数。目前市场上的大多数指数基金也都是基于成份股，只有少数几只全指指数基金，并且它们还是分级基金，如白酒指数基金、证券指数基金等。从最常用的沪深 300 指数的走势情况也能印证上述判断，如图 7-1 所示。

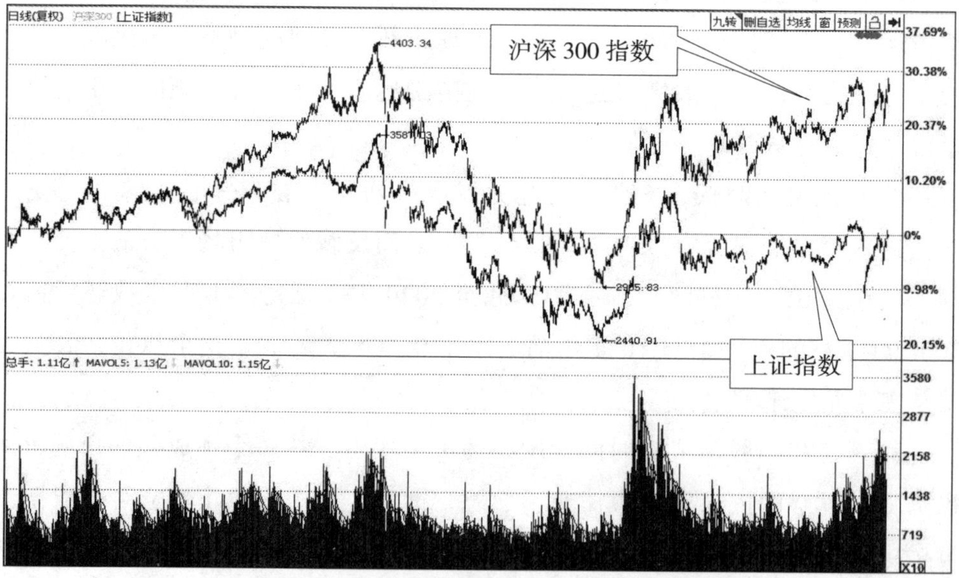

图 7-1　沪深 300 指数与上证指数走势对比图

图 7-1 为 2016 年下半年到 2020 年 3 月初沪深 300 指数和上证指数的走势对比图。从图中可以看出，尽管沪深 300 指数与上证指数保持了同涨同跌的节奏，但沪深 300 指数与上证指数逐渐拉开了距离，沪深 300 指数的走势更为强劲。由于沪深 300 指数包含了沪深两市大量优质股票，因此也更能反映国民经济基本面的情况。也正因为如此，沪深 300 指数才会被当作检验基金收益情况的标尺。

二、稳定型指数与成长型指数

市场上的指数有很多种类，如规模指数、策略指数、风格指数等，其筛选样本股的方式与方法都各有侧重，但概括起来说，所有指数筛选目标股的目标无外乎找到这样两类股票：其一，按照价值投资的原则，筛选极具投资价值的低估值股票；其二，按照成长股的标准，选择成长空间较大的股票。

通常情况下，从最终入选的标的情况，可以发现指数筛选样本股的倾向。当某种指数的重仓股中，超级绩优股中的金融地产行业、消费行业类股票占比较多时，这类指数的走势一般就会趋于稳定，与沪深 300 指数的走向基本吻合。

当某种指数的重仓股中科技成长类股票、信息技术类股票较多时，其波动就会比较剧烈，在牛市启动后，这类指数的上涨幅度会远远高于沪深 300 指数；反之，在熊市来临后，这类指数的下跌幅度也会远远大于沪深 300 指数。

因此，在选择指数型基金时，投资者需要明确个人的投资倾向，到底是追求稳定性还是成长性。当然，投资者如果能够把握好股市的节奏，也可以在牛市来临时将指数型基金切换至成长型指数基金，在熊市时，则切换至稳定型指数基金。

三、宽基指数还是窄基指数

宽基指数和窄基指数是指数型基金最重要的两个分类，几乎所有的指数型基金都可以分到这两个类别之下。换句话说，投资者选择指数型基金时，面临的第一个问题就是，应该选择宽基指数基金还是窄基指数基金。

如果将宽基指数基金和窄基指数基金打个比方，宽基指数基金就如同是大盘指数，窄基指数基金就如同是个股。若从经济发展的长远角度来考虑，大盘指数肯定是上行的，毕竟经济一定是向前发展的。但个股就不一定了，有些个股可能会取得比大盘高出若干倍的涨幅，有些个股可能会落后于整个大盘。

由于宽基指数包含的样本股票所涉及的领域、行业非常广泛，因此，当个别行业或领域的股票出现剧烈波动时，宽基指数因其涵盖的领域足够广泛，会抵消这种剧烈的波动，使得指数整体走势趋于平稳。反之，窄基指数则会因为所处领域的利好或利空消息而出现较大幅度的上涨或下跌走势。

下面来看一下中证白酒指数与沪深 300 指数的走势对比情况，如图 7-2 所示。

从图 7-2 中可以看出，中证白酒指数的波动非常剧烈，与此同时，沪深 300 指数的波动就要小很多。在一些时期，白酒概念指数具有明显的上攻行情，而且这种行情展开时，其涨幅要远远超过沪深 300 指数；反之，当白酒概念指数下跌时，其下跌幅度也远远超过了沪深 300 指数。

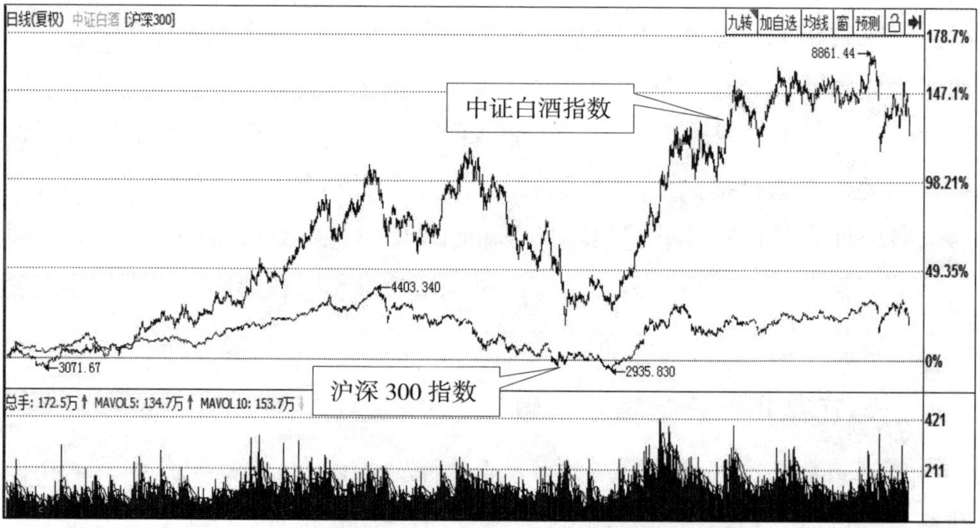

图 7-2　中证白酒指数与沪深 300 指数走势对比图

从这两个指数之间的运行态势，就可以看出宽基指数和窄基指数之间的关系。对于投资者来说，选择宽基指数基金就相当于选择了一个相对稳定的投资品种；反之，窄基指数基金在某些时段可能会出现较大幅度的上涨，而另外一些时段又可能出现较大幅度的下跌。当然，在单边下跌或单边上涨的市场格局中，无论宽基指数还是窄基指数，都会同步出现上涨或下跌的行情。

第二节　全面评估指数

指数如同股票价格一样，处于不断上涨或下跌的波动过程中，也会像股票价格一样出现高估或低估的情况。当指数点位过高时，下跌风险就会增加，投资者应该进行适度的减仓或清仓；反之，当指数点位过低时，就会积蓄一定的上涨动能，投资者比较适合进行建仓或加仓的操作。

一、平均市盈率

市盈率是衡量股票价格水平的一个重要指标，该指标也可以引入到对股票指数的评估中。大家知道，由于各指数样本股选取范围不同，指数的平均市盈率也会有所不同，因此，不能简单地对比两种指数之间的市盈率，用以判断某种指数有无高估，但是可以通过对某一指数市盈率的历史数值变化情况，来分析当期指数处于高估区域还是低估区域。如图 7-3 所示，为市场上各主要行业的市盈率数据。

截至 2020 年 3 月 6 日，上证指数的点位在 3000 点左右，相比 2019 年 3 月 6 日，基本处于相同水平。也就是说，从上证指数的角度来看，整个股市并未出现上涨。不过，从图 7-3 的行业市盈率数据变化中，还是可以看到一些不容易看到的情况。

第一，能源行业。最近一年的平均市盈率在 14.58 左右，而最近一个月的均值仅为 12.28，这说明能源行业出现了明显的走低态势。未来若股市出

行业代码	行业名称	最新市盈率	股票家数	亏损家数	平均市盈率			
					近一个月	近三个月	近六个月	近一年
00	▼能源	12.38	80	6	12.28	12.87	13.1	14.58
01	▼原材料	16.65	561	45	16	15.72	15.1	15.8
02	▼工业	22.13	978	113	21.37	20.8	20.23	20.45
03	▼可选消费	19.88	618	100	19.27	18.87	18.12	18.11
04	▼主要消费	39.38	201	22	37.17	36.9	37.12	36.14
05	▼医药卫生	43.07	328	26	41.46	38.85	37.41	35.08
06	▼金融地产	9.97	240	19	9.77	10.02	9.96	9.99
07	▼信息技术	58.88	589	69	59.29	53.38	48.98	43.88
08	▼电信业务	37.72	92	18	37.75	35.54	33.5	31.84
09	▼公用事业	17.69	102	10	17.4	18.11	18.48	19.26

（资料来源：中证指数有限公司网站，截至 2020 年 3 月 6 日）

图 7–3　各主要行业市盈率数据

现振荡上扬，则能源行业存在修复估值的可能。

第二，信息技术行业、医药卫生行业、电信业务行业。上述三个行业最近一个月的市盈率相比最近一年的水平均出现了较大幅度的上涨。这说明最近一个月的时间里，上述三个行业的股票价格出现了明显的上涨，未来存在一定的回调需求。

第三，原材料、工业、消费等行业的市盈率水平，相比一年前的数值基本并未出现明显的变化，这说明上述三个行业的股票价格趋于稳定，也可能会随着股市的上涨或下跌而同步出现上涨或下跌走势。

大家还可以发现，在图 7–3 中，各个行业之间的市盈率水平相差还是很大的，比如信息技术行业的市盈率是将近 60 倍，而金融地产行业还不到 10 倍。但我们无法因此断定信息技术行业存在高估，金融地产行业存在低估的情况。我们只能通过对各个行业的历史市盈率情况进行对比，判断该行业当前的市盈率水平处于高位还是低位，这一点在选择指数型基金时非常重要。投资者尽量不要选择那些市盈率已经处于历史高位的指数，而要尽量选择处于低估位置的指数。

二、波动幅度与涨跌幅度

指数的波动幅度也是评估指数的一个重要指标，但是我们并不能简单地找寻波动率较高或较低的指数就可以了。前面介绍了按照波动率高低设计的指数，事实上，无论是单纯的高波动率指数，还是低波动率指数，走势都并不理想。投资者在考察指数时，需要从多方面来看待波动幅度与涨跌幅度的问题。

第一，波动幅度与涨跌幅度很低的指数，有可能存在滞涨股过多的情况。当前的股票市场与前些年的情形完全不同，随着越来越多的资金入场，具有投资价值的股票受到更多的青睐；反之，一些垃圾股或业绩不佳的股票、夕阳产业的股票，很难获得资金的青睐。而低波动率指数的样本股中，这类股票含量过大，将会严重制约指数收益水平的提升。

第二，波动幅度与涨跌幅度很高的指数，可能存在样本股数量过少、小市值或者具有炒作题材股票较多等问题。这类指数可能在短期内获得巨大涨幅，又会在短期内出现较大的跌幅。而从长远来看，这类指数的整体收益也未必有多高，不利于投资者进行长线投资。

第三，在指数波动与涨跌幅度评估方面，还是要以沪深 300 指数作为参照标准，找寻波动幅度相对较小且能稳定上升的指数。

下面来看一下几个指数的走势对比情况，如图 7-4 所示。

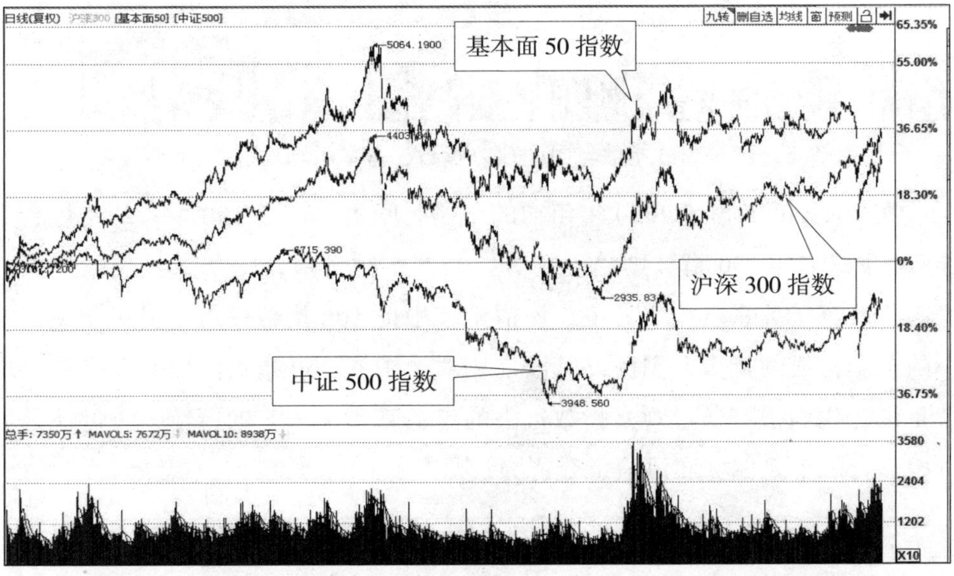

图 7-4　沪深 300 指数与中证 500 指数、基本面 50 指数走势对比图

图 7–4 为沪深 300 指数与中证 500 指数、基本面 50 指数的走势对比情况。从三年多的走势对比情况来看，中证 500 指数在下跌时，跌幅要远远大于其他两种指数，而上升时，其涨幅又小于其他两种指数。也就是说，从过去几年的情况来看，中证 500 指数的波动较大，整体运行趋势并不理想。但是，这种情况在最近半年（从 2019 年 8 月底到 2020 年 3 月初）发生了逆转，如图 7–5 所示。

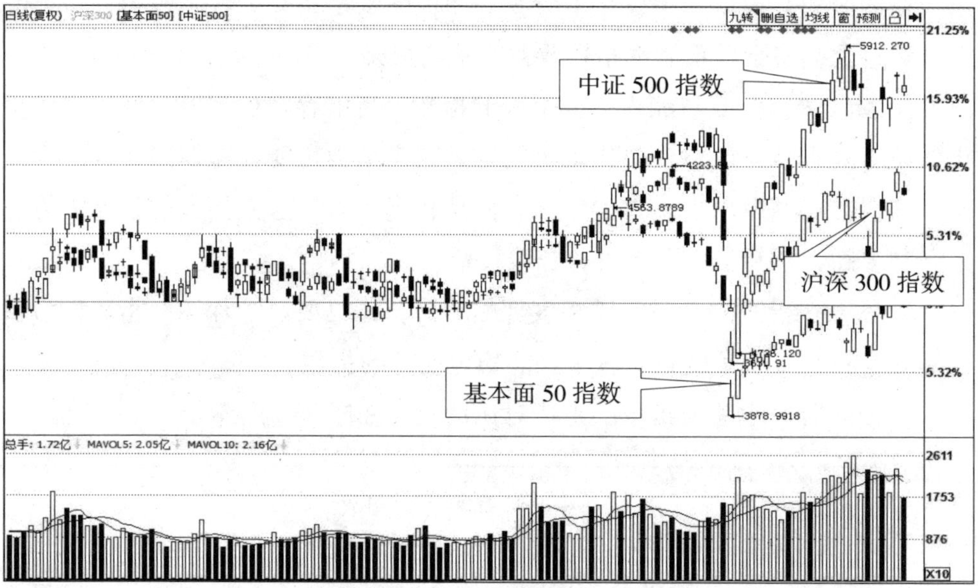

图 7–5　沪深 300 指数与中证 500 指数、基本面 50 指数走势对比图

在 2019 年年底到 2020 年年初的一段时间里，中证 500 指数的走势趋于强势，而基本面 50 指数则趋于弱势。当然，这与最近一年来科技股走强的大趋势有直接关系。投资者也应该清楚，中证 500 指数在市场上属于规模偏小的企业构成的指数，因此，其波动相对于沪深 300 指数必然会大一些。也就是说，我们很难通过观察指数过去的走势来预测未来的行情，关键还是要看投资者的个人偏好和风险承受能力。

三、历史业绩评估

尽管历史业绩水平的高低并不能代表未来，但可以为投资者提供一定的参考作用。当然，我们不能简单地以历史业绩水平的高低来评价整个指数的走势水平，而要从多个角度来看待指数的历史走势。

第一，绝对值的高低。由于大部分指数的起始点位都在 1000 点左右，因此，绝对值高低确实能够反映指数的走势状况。不过，指数起始基准日不同，也可能造成比较绝对值的差异。比如，一些指数的基准日为 2014 年 12 月 31 日，另外一些指数的基准日可能会设定在 2005 年年中或 2006 年的某个时间点。2004 年年底的时段，属于股市的底部区域，而 2005 年或 2006 年的年中时段则属于股市的上升途中，这对指数的绝对值会产生很大的影响。

第二，近期走势对比。通过将某指数一段时间内（一般要三年左右）的走势与沪深 300 指数进行对比，以判断该指数走势的强弱。当然，也可以用其他相关指数进行对比，比如将中证 500 指数与中证 500 红利指数进行对比，如图 7–6 所示。

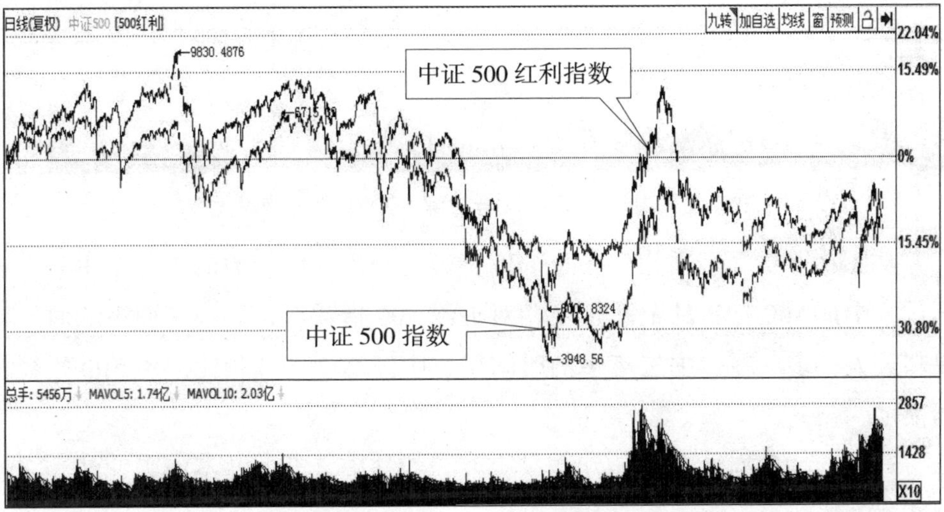

图 7–6 中证 500 指数与中证 500 红利指数走势对比图

从图 7–6 中可以看出，中证 500 指数与中证 500 红利指数的走势基本一致，且在大多数时间内中证 500 红利指数要优于中证 500 指数。不过，进入 2020 年之后，这种情况发生了逆转，中证 500 指数开始持续上攻，并接近中证 500 红利指数。也就是说，进入 2020 年后，市场出现了一些新的变化，投资者需要权衡是否应该重新选择指数。

第三，与基准指数对比。将某一指数与基准指数走势进行对比，来判断该指数的收益情况。前面介绍过，目前市场上能够对其他指数业绩进行衡量的指数只有沪深 300 指数一只。比如，可以将中证 500 指数与沪深 300 指数的走势进行对比，如图 7-7 所示。

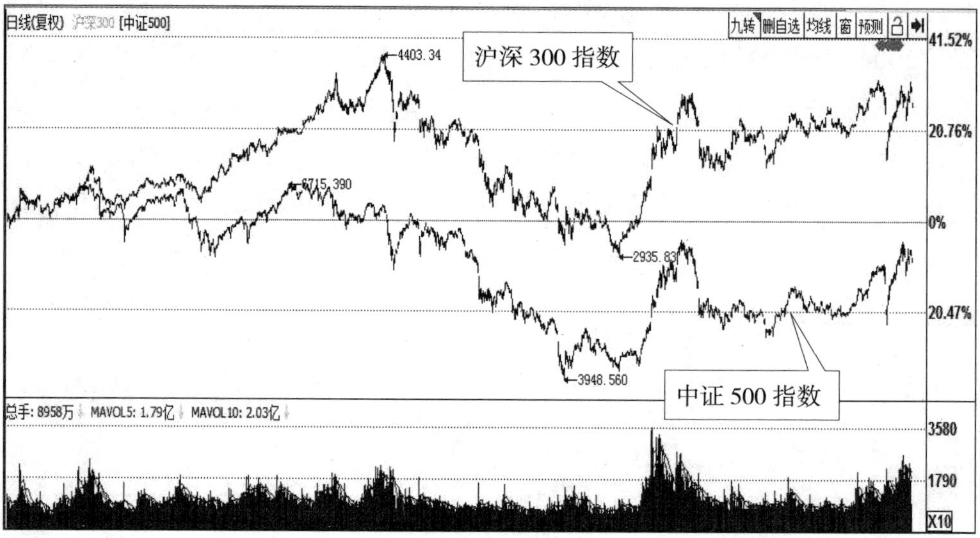

图 7-7　中证 500 指数与沪深 300 指数走势对比图

从图 7-7 中可以看出，中证 500 指数与沪深 300 指数的走势基本一致。不过，中证 500 指数的上涨幅度相对沪深 300 指数而言偏小，而下跌时，跌幅却放大很多。在过去三年多的时间里，中证 500 指数相比沪深 300 指数要弱很多。

当然，这种对比只是建立在过去业绩的基础之上，并不能因此认为未来中证 500 指数也会弱于沪深 300 指数。

四、指数估值法——博格公式

博格公式的发明人，就是前面介绍的指数基金的发明人和先锋基金创始人约翰·博格。

约翰·博格认为，指数的收益情况取决于初期股息率、市盈率变化率和盈利变化率三项核心指标，其计算方法如下：

未来基金的年复合收益率 = 期初股息率 + 市盈率变化率 + 盈利变化率

按照约翰·博格的公式，指数基金的收益大致应该等于初期股息率、市盈率变化率和盈利变化率三项数据之和。

我们在投资指数之前，需要对指数的年复合收益率中的三项指数分别进行评估。

第一项指数：期初股息率

一般情况下，股息率越高，说明企业分红意愿越强，企业运营情况较佳，是一个正向评估指标，即股息率越高越好。

第二项指数：市盈率变化率

通常情况下，投资者启动投资时，可以了解一下指数过去的市盈率变化情况。比如，某指数过去的市盈率高点为 50 倍，低点为 15 倍，而此时市盈率为 17.5 倍，那么，投资者可以大致判断指数处于低位水平，比较适合进行投资；反之，若此时市盈率在 40 倍以上，则意味着指数所面临的风险较大，宜谨慎投资。

第三项指数：盈利增长率

指数未来的盈利增长率是一个非常难以预测的数值，通常情况下，需要对指数内企业的历史盈利增长率进行计算，即计算指数内企业的年复合盈利增长率，并以此为依据推算未来的盈利增长率。当然，在具体测算时，投资者还需要考虑未来经济可能遇到的困难和机会，并进行适当的增减。比如，受 2020 年疫情的影响，很多企业的营收和盈利都可能出现下降，特别是旅游企业和餐饮企业受到的影响更大。

总之，在应用约翰·博格公式时，预测的未来盈利增长率和股息率越高越好，而市盈率则是越低越好。

第三节　锁定合适的指数

投资者在确认目标指数时，需要考虑这样几方面因素。

一、面向过去还是面向未来

关于指数的选择问题，一直以来存在两种主要的思路：其一，以史为鉴，过去表现不错的指数，未来可能还会延续之前的强势；其二，反向思维，指数如同股价一样，当指数的估值进入低估区域时，未来很可能会反向上攻。

1. 以史为鉴

尽管过去的表现不代表未来，但若一只指数在过去几年的大部分时间都能够战胜基准指数，那么，我们就有足够的理由认为，这只指数在未来也可能会战胜基准指数。其实，这一方法在选择股票型基金时也同样适用。下面看一下沪深 300 医药卫生指数的走势，如图 7-8 所示。

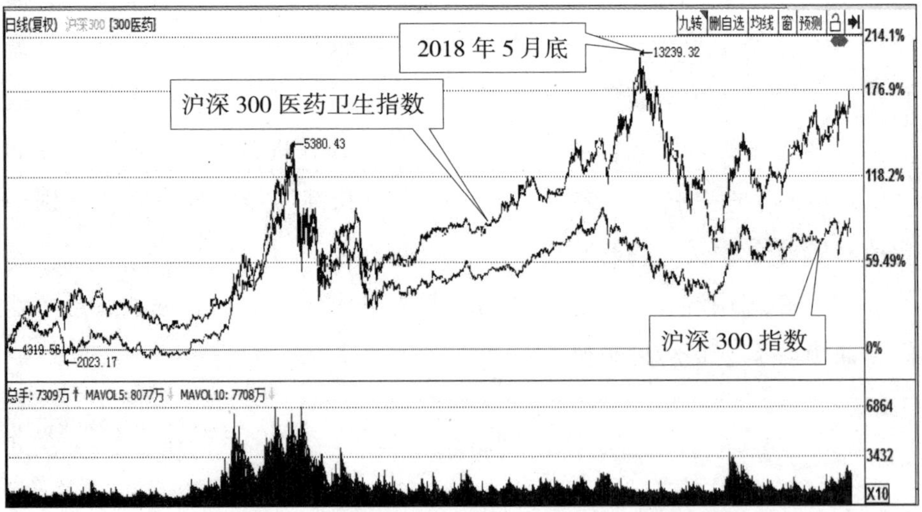

图 7-8　沪深 300 医药卫生指数与沪深 300 指数走势对比图

图 7–8 为 2012 年 12 月底到 2020 年 3 月初沪深 300 医药卫生指数与沪深 300 指数的走势对比图。从图中可以看出，在大部分时间里，沪深 300 医药卫生指数的涨幅都要高于沪深 300 指数。当然，2018 年 5 月底到 2018 年年底这一期间，因为医药改革等原因，导致医药股股价大幅下跌。此后，经过一段时间的修复，医药卫生指数重新步入强势上升通道。

对于喜欢研究指数历史走势的投资者来说，医药卫生指数就是一只不错的指数，至少在大部分的时间里，该指数都超越了沪深 300 指数。

2. 寻找低估指数

很多投资者存在这样的想法：过去表现优异的指数，也可能在未来走低，且过去上涨势头越强劲的指数，未来所面临的风险越大；反之，一些低估指数可能会迎来春天。当然，这里的低估指数并不简单地等同于市盈率较低的指数。按照市盈率划分，金融地产类、钢铁类指数永远都处于较低的水平，但我们却无法将其看成指数低估。这里的低估，是指市盈率水平在历史波动中处于低位水平。比如，某指数的平均市盈率水平一直在 15 倍到 50 倍之间，而近期来到了 13 倍的水平，那么，投资者就可以认定该指数进入了低估区域。

二、投资策略：长线还是短线

投资策略不同，选择指数的方式也有所不同。关注长线投资的投资者，肯定会注重指数的长线运行态势，即选择能够在相当长的时间内保持优势地位的指数；注重短线投资价值的投资者，需要重点关注近期投资的主线，并选择相应的标的指数。

1. 长线投资

这里所说的长线投资，一般是能够坚持五年以上的基金投资行为。对于坚持这类投资理念的投资者来说，指数的稳定增长是最重要的参照指标。有些指数在短期内可能会大幅上攻，但缺乏后劲，另外一些指数则会长期保持稳健的增长态势。

在市场上，宽基指数通常表现得更为稳健，也更容易成为长期投资者的首选标的，比如沪深 300 指数、上证 50 指数等，都是比较优质的标的指数。

从图 7-9 中可以看出，自 2013 年 6 月底到 2020 年 3 月初，沪深 300 指数出现了多次上涨的高点和回调的低点。自 2013 年 6 月底的 2023 点启动上涨，至 2020 年 3 月初的 4000 点左右的水平，涨幅将近 100%。

图 7-9　沪深 300 指数日 K 线走势图

从 K 线图上可以看出，尽管该指数波动幅度较大，但在 A 股市场上，该指数已经属于波动幅度较小的指数了。

喜欢长线投资的投资者也可以考虑选择一些境外的宽基指数，比如纳斯达克 100 指数或标普 500 指数等。

2. 短线投资

长线侧重于稳定，短线则侧重于选择近期投资的主线行情。当然，这里指的短线也应该在一年左右，否则基金持仓时间过短，扣掉的手续费等也是一笔不小的开支。对于坚持短线投资的投资者来说，窄基指数是一个不错的选择。

2019 年到 2020 年间的科技股行情，引发相关指数出现了大幅上攻走势，沪深 300 信息技术指数就是其中典型的一只，如图 7-10 所示。

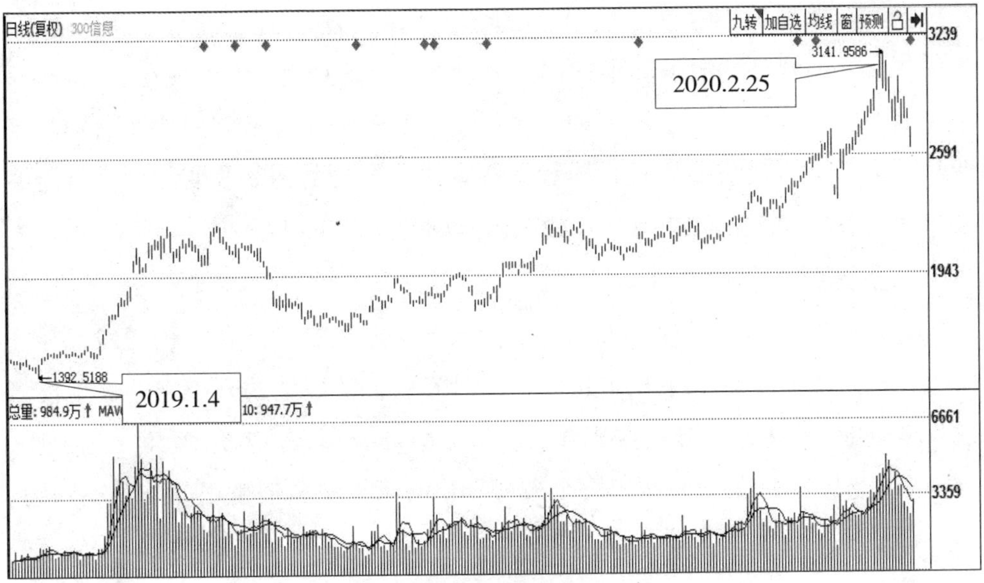

图 7-10　沪深 300 信息技术指数日 K 线走势图

从图 7-10 中可以看出，沪深 300 信息技术指数自 2019 年年初开始，随着科技股行情的爆发而出现了一波大幅上涨走势。在一年多的时间里，该指数点位从 1392 点上涨到了 3141 点，上涨幅度达到了 140% 左右，由此可见该指数走势之强。

三、如何挑选窄基指数

相比宽基指数，窄基指数的走势更难掌握，也更具有行业或概念的特征。投资者若要选择窄基指数，需要认清这样几个事实。

1. 人口众多

这是我们面对所有问题的根本出发点。当然，人口众多带来的不仅仅是挑战和困难，也有发展契机。

第一，能源与资源方面。

由于人口众多，地球上所能使用的资源又十分有限，这就使得新能源的开发与利用将会成为未来相当长时间的行情发展主线。清洁能源、核能、新兴能源的开发与利用都可能产生一批业绩较佳的成长股。

第二，消费方面。

人多，消费品的需求就永远都不会过时。也就是说，无论现在还是未来，快速消费品行业都会处于成长期。当然，这并不意味着所有的快速消费品企业的业绩都会有较快的增长，毕竟消费者的口味也是不断改变的，只有能够紧跟消费者口味变化的企业，才能在未来的竞争中取胜。

2. 经济发展，消费升级

随着经济的不断发展，人们的生活水平不断提高，消费结构、质量和层次也在不断提升。在未来相当长的一段时间内，消费结构升级将会催生很多成长型企业。消费结构升级主要涉及医疗健康产业、教育产业、娱乐文化产业、交通、住宅与旅游等产业。同时，个人差异化需求也将会催生很多与众不同的、和我们通常所理解的企业业务不同的新兴企业。

3. 人工智能，科技革命

在人类发展历史中，已经进行了多次科技革命，未来还会有若干次的科技革命，且每次科技革命间隔的时间将会越来越短。以人工智能、生物工程、电子信息技术为代表的新的科技革命将会给人类带来多大的影响，目前还是一个未知数。不过有一点可以肯定，那就是很多项革命性进步都可能会催生出若干家成长型企业，如生物工程技术、人工智能技术、移动支付技术、量子信息技术等。

换句话说，若一些窄基指数从属于上述行业或领域时，未来可能会取得更好的业绩，也会有更好的发展。当然，也并不是说其他领域的窄基指数一定会落后于这些领域，但是上述领域相对更容易出现比较优秀的上市公司，从而带动整个行业或概念指数上行。

第八章

指数基金投资三部曲——选品种

锁定指数之后，投资者在投资具体的指数型基金时，相对而言会容易一些。

第一节　跟踪相同指数，收益也可能不同

很多投资者存在这样的疑问：购买追踪同类指数的基金，是不是就会获得相同的收益？其实，即使追踪相同的指数，因基金产品性质或操作方式的不同，也可能会造成收益上的不同。当然，这种差异相对而言是较小的。造成收益差异的原因，主要包括以下几个方面。

一、追踪指数的偏差

指数型基金是以所追踪的指数为投资标杆的，指数包含的股票以及持仓占比，都会被指数型基金复制，然而，指数每隔半年就会调整一次，而基金持仓的调整速度肯定会落后于指数。比如，某指数中一只持仓占比较大的股票被调出了指数，那么，追踪该指数的基金必然会随之将该股票卖出，并买入新加入指数的股票，同时还需要对各只股票的持仓仓位进行重新调整。追踪同一指数的指数型基金肯定有很多，若大家都同时卖出股票，再同时买入新加入指数的股票，势必会造成这两只股票价格的大幅波动。因此，在执行调仓换股时，这些指数型基金会采用渐进式调仓的方式，不会一次性完成调整，在这个过程中，就会导致指数基金的收益与所追踪指数出现差距。

下面来看一下博时沪深 300 指数与沪深 300 指数走势的对比，如图 8–1 所示。

图 8-1 博时沪深 300 指数型基金与沪深 300 指数走势对比图

从图 8-1 中可以看出，博时沪深 300 指数型基金的收益走势与沪深 300 指数几乎是同步的，但博时沪深 300 指数型基金的收益总是要略高于沪深 300 指数。这种差距往往在较长的时间维度上才能看出来，短期一般很难发现。

这种差异一般是由于指数型基金在跟踪指数时产生的误差造成的。其实，指数型基金从其设计时就考虑了这种追踪误差，比如，在博时沪深 300 指数型基金的投资目标中，就已经列明：力争保持基金净值增长率与标的指数增长率间的正相关度在 95% 以上，并保持年跟踪误差在 4% 以下。

二、基金性质不同，误差不同

在挑选指数基金前，投资者需要先了解一下指数型基金大家族里的四类基金，即标准的指数型基金、增强型指数基金、ETF 基金、ETF 联接基金。

第一类：标准的指数型基金。

指数型基金是以相对应的指数为参照标的的基金品种，该基金以与指数涨跌同步为投资目标。因此，该类基金并不需要基金管理者主动考虑投资标的，只需按照指数的构成股票及占比安排资金配置即可。由于这类基金必须预留一定比例的现金用于应对投资者的赎回操作，因此，其股票仓位一般在 95% 左右，这也是其收益与指数存在偏差的一个主要原因。

第二类：增强型指数基金。

该类基金的管理者试图在跟踪指数的同时超越指数的收益幅度，因此，其会对构成指数的股票以及权重占比进行适度的调整。当然，这种调整会控制在一定幅度之内，以免收益偏离指数太多。

相比而言，增强型指数基金与指数之间的偏差可能会大于标准型指数基金。下面看一下景顺长城沪深 300 指数增强基金与沪深 300 指数走势的对比情况，如图 8-2 所示。

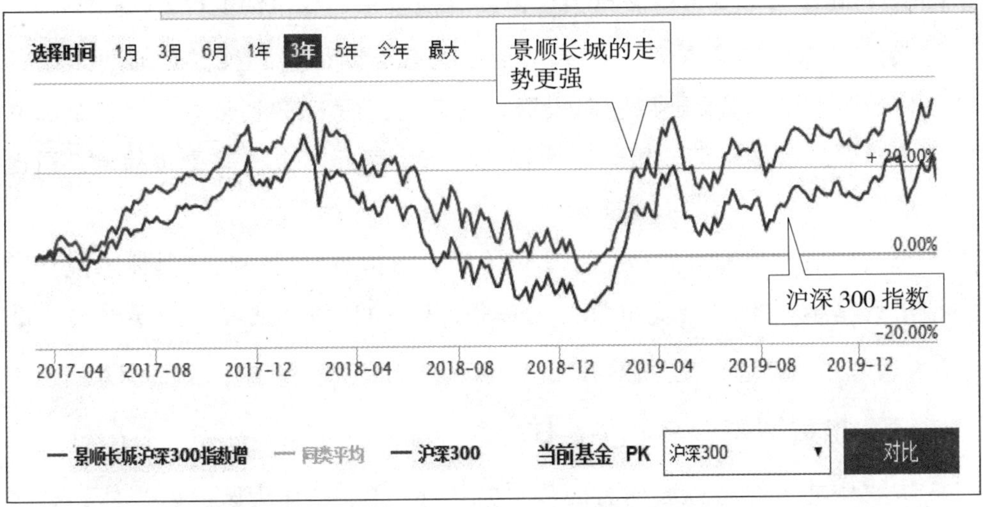

图 8-2　景顺长城沪深 300 指数增强基金与沪深 300 指数走势对比图

从图 8-2 中可以看出，景顺长城沪深 300 指数增强基金的波动态势与沪深 300 指数基本一致。从长期来看，景顺长城沪深 300 指数增强基金的走势更为强势，这说明该基金运作情况尚佳，确实能够超越沪深 300 指数的收益。

第三类：ETF 基金。

ETF 基金是交易型开放型指数基金，即投资者不仅可以通过基金公司或基金销售机构申购该类基金，还可以通过二级市场像交易股票一样交易该基金。在二级市场交易该基金，只需像购买股票一样缴纳交易费用，无需支付申购与赎回费用。通常情况下，ETF 基金与所跟踪指数之间的误差主要在于：基金经理调仓换股以及基金管理费用等产生的误差。

第四类：ETF 联接基金。

ETF联接基金是一种比较特殊的基金。通常情况下，投资者在场外申购ETF基金相对比较麻烦，很多机构还有最低限额的规定。若是进行场内交易，则需要通过证券公司开户，这对很多投资者来说无疑增加了一个障碍。而ETF联接基金则可以帮助投资者解决这个问题。ETF联接基金的本质，是基金公司拿到投资者申购基金的钱后去买ETF基金，也就是说，由基金公司帮助投资者投资ETF基金，这就可以帮助投资者解决投资ETF基金的障碍。借助ETF联接基金，投资者可以像申购其他基金一样申购ETF基金了。

当然，ETF联接基金与ETF基金还稍有不同，它必须像普通股票型基金一样预留5%的现金，以应对投资者的赎回，而ETF基金则可以将全部资金投入股票，不做任何预留，因为投资者若要赎回基金，需要向基金公司提供等量的股票。

总之，以上四种指数型基金，总体都能与指数保持一致。具体来说，增强型指数基金产生的误差相对会大一些，而ETF基金则可能是误差最小的一种。

三、指数型基金名称A、B、C

指数型基金的名称后面有时候会加上A、B、C作为区分。当然，有些基金并不是A类、B类、C类基金全部都有，可能只有A类基金和C类基金。相同名称下的不同类基金，往往意味着不同的交易费用。

一般情况下，A类基金属于“前端付费模式”基金，即申购费用在申购时扣除；B类基金通常属于“后端付费模式”，即申购时不扣除申购费用，但在赎回时会扣除申购费用（目前，在指数型基金范围内还没有B类基金。很多基金的名称以B结尾，但都属于分级基金）；C类基金属于“销售服务费用模式”，即申购和赎回时不扣费，申购费用按天在销售服务费用中扣除。

当然，上面属于常规的分类方法，有些基金在分类时可能会将属于C类基金的品种划分为B类，投资者若想了解该基金的具体收费模式，可以查看该基金的招募公告。目前，单纯的B类基金很少，多数为A类基金和C类基金。还有一些基金可以直接选择前端付费或后端付费，而不区分A类基金和 B 类基金。

下面以天弘创业板基金为例，来看一下 A 类基金和 C 类基金的费用对比情况，如表 8-1 所示。

表 8-1　天弘创业板指数基金费用对比表

项目	天弘创业板指数 A	天弘创业板指数 C
申购费用	500 万元以下，1.0% 500 万元以上，1000 元	——
赎回费用	7 天以内，1.5% 7 天（含）～30 天，0.3% 30 天以上，0.05 元	7 天以内，1.5% 7 天以上，0 元
管理费用	0.5%（每年）	0.5%（每年）
销售服务费用	0%（每年）	0.2%（每年）
托管费用	0.1%（每年）	0.5%（每年）

（注：销售机构不同，各项费用可能会有一定的优惠折扣）

从表 8-1 中可以看出，C 类基金在申购费用方面是有明显优惠的，但其销售服务费用却明显高于 A 类基金。对于喜欢长线持有基金的投资者来说，A 类基金更有优势，反之，则持有 C 类基金更为有利。

第二节　指数型基金的投资费用

从某种意义上来说，投资指数型基金其实就是在坚持一种长线投资的理念，因此，看似微不足道的基金管理费用，经过多年累加，也可能会蚕食一部分基金收益。换句话说，相同指数的收益曲线走势都十分相似，这个时候，从长期来看，基金费用就可能成为区别基金收益的重要因素。概括起来说，指数型基金投资费用大致由三部分构成。

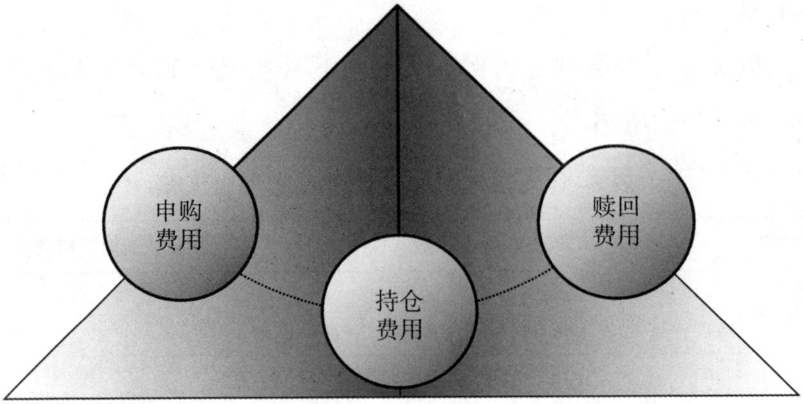

图 8-3　指数型基金投资费用的构成

一、申购与认购费用

投资者在申购或认购指数型基金时，需要支付一定的费用。

1. 申购费用标准

通常情况下，不同基金、不同的基金申购渠道，申购费用也存在明显的不同。

（1）申购渠道不同，申购优惠的幅度也不同。通常情况下，投资者若从银行购买基金，优惠力度相对较小，而一些网上基金销售平台可将申购费用调整至 1 折的水平。

（2）申购金额不同，申购优惠的幅度也不同。很多基金公司为了吸引大资金购买基金，往往会为其设置专门的优惠。例如，天弘沪深 300ETF 联接 A 基金的申购费用标准为：低于 500 万元的部分，收取 1% 的费用；超过 500 万元的，每次收取 1000 元。

（3）基金种类不同，申购费率不同。通常情况下，单纯的指数型基金、ETF 基金和 ETF 联接基金的申购费用都会有所不同。由于 ETF 基金的申购与其他基金不同，尽管该类基金没有申购费用，但投资者若想申购该类基金，需要提供一篮子股票（即使直接提供现金，其中也包括了交易费用），获得这些股票则需要一定的交易费用；单纯的 A 类指数型基金，申购费用一般在

1.2% 左右；ETF 联接基金的 A 类申购费用一般为 1.5% 左右，C 类基金的申购费用则会通过销售服务费用收取。

2. 申购费用计算方法

按照国际惯例，基金申购费用并不是根据投资者的申购金额由投资者额外支付的，而是直接在投资者的申购金额中扣除。

基金申购费用扣除方法分为内扣法和外扣法两种。按照 2007 年证监会关于基金销售费用扣除办法的规定，目前基金销售费用统一采用外扣法计算。

（1）内扣法。

内扣法就是从申购资金中直接扣除申购费用。假如某投资者申购 A 基金 10000 元，申购费率为 1.5%，基金每份 1 元，其申购的基金份额计算方法如下。

申购费用 = 申购金额 × 申购费率

=10000 × 1.5%=150 元

净申购金额 = 申购金额 – 申购费用

=10000–150 元 =9850 元

申购基金份额 = 净申购金额 / 基金单价

=9850 元 /1 元 =9850 份

也就是说，按照内扣法计算，投资者申购 10000 元的基金可获得的基金份额为 9850 份。

（2）外扣法。

外扣法就是根据净申购金额计算申购费用的计算方法。假如某投资者申购 A 基金 10000 元，申购费率为 1.5%，基金每份 1 元，其申购的基金份额计算方法如下。

净申购金额 = 申购金额 /（1+ 申购费率）

=10000 元 /1.015≈9852.2 元

申购基金份额 = 净申购金额 / 基金单价

=9852.2 元 /1 元 =9852.2 份

通过对比内扣法和外扣法可以发现，同样的申购资金，用外扣法计算，投资者可获得更多的基金份额，这种计算方法无疑对投资者更有利。

3. 基金认购费

有时候，基金公司为了鼓励投资者参与基金认购，往往会在认购阶段给予一定的费率优惠。例如，指数型基金在结束封闭期后，正常的申购费率为1.5%，而其在认购阶段的费率仅为0.6%。由于基金认购期一般有一个月甚至更长时间，投资者若提早提交认购申请，在计算认购基金份额时，会将认购期间的资金利息计算在内，所以，最后给出的基金份额可能会多于投资者利用认购金额计算得出的份额。

二、持仓费用

投资者在持有基金期间，也需要向基金公司和托管银行支付一定的费用，不过，这部分费用会按日折算从基金净值中提取，投资者平时可能都感觉不到这部分费用。投资者持有基金期间产生的费用，主要包括基金管理费、托管费和销售服务费。

1. 基金管理费

基金管理费本质上就是投资者支付给基金管理人员的报酬。就如同你请了一个基金经理给自己打理资金，这个基金经理肯定要收取一定的报酬。

基金管理费用有高有低，一般情况下，增强型指数基金的基金管理费用偏高，一般为1%左右，其他指数型基金的管理费用为0.5%左右。相比于其他股票型基金，指数型基金的基金经理付出的努力相对较少，因此费用也相对要低一些。

基金管理费并不需要投资者额外支付，而是在每日的基金净值中扣除，并按月支付。

2. 基金托管费

基金托管费是指基金托管人为保管和处置基金资产而向基金收取的费用。通常情况下，我们购买的基金都是由银行托管的，这部分费用也要从基金中计提。目前大多数指数型基金的托管费率为0.1%～0.2%。

基金托管费和基金管理费一样，并不需要投资者额外支付，只是在每日的基金净值中扣除，并按月支付。

3. 销售服务费

销售服务费是指基金管理人根据基金合同的约定及届时有效的相关法律法规的规定，从开放式基金财产中计提一定比例的费用，用于支付销售机构的佣金、基金的营销费用以及基金份额持有人的服务费等。

目前，A 类指数型基金都不收取销售服务费。C 类指数型基金的销售服务费大约为每年 0.4% 左右。基金公司不同，指数型基金的各项费用也会有所区别。

三、赎回费用

基金赎回费用是指在开放式基金存续期间，已持有基金份额的投资者向基金管理人卖出基金份额时支付的手续费。根据相关法规规定，基金公司可以向持有基金不满一定时间的投资者收取一定的赎回费用。换句话说，赎回费用本身就是对投资者持仓时间过短的一种惩罚性措施。基金赎回费用的计算方法如下：

基金赎回费用 = 基金赎回金额 × 赎回费率

指数型基金的赎回费用与投资者持仓时间长短有一定的关系，例如，有的基金公司规定：持仓时间少于 7 天将会收取 1.5% 的手续费，7 天以上的收取 0.5% 的手续费。

第九章

指数基金投资三部曲——定策略

投资如同参与一场战争，投资者要想获胜或者获得尽可能多的收益，就必须制定科学而缜密的计划和策略。

第一节　指数基金投资的基本策略

在投资指数基金时，投资者何时入场，如何平衡收益与风险，以及如何构建合理的基金投资组合，都是需要在投资开启前做好筹划的。

一、时间策略：何时入场

指数型基金与股票类似，在底部入场无疑可以使投资收益最大化．然而，当股市处于下跌趋势时，往往没有最低的低点，只有更低的低点。如果采用追涨入场的策略，则相对比较容易获得盈利，却可能会被套牢于高位。

其实，这两种入场时机的选择，主要与投资者秉持的投资策略有关。投资者可选的投资策略包括基金定投和波段投机两种。基金定投会在下一章详细讲解。波段投机与波段炒股相似，即当股市进入上升趋势时入场买入指数型基金，当股市触顶回落后再择机卖出。

1. 低位买入法

大部分指数型基金的净值走势与股市大盘走势几乎是吻合的，即当股市处于牛市行情中，指数型基金的净值也会同步快速上升；当股市处于熊市时，指数型基金的净值也会同步下跌。如图 9–1 所示。

通过图 9–1 可以发现，指数型基金最佳的建仓和加仓时间是在股市指数低点附近。当然，对于大多数投资者而言，判断股市是否已经位于底部区域是比较困难的。投资者可在股市下跌较大幅度后，开始试探性建仓指数型基金，若股市继续走低，则可考虑继续加仓，直至股市触底反弹。

同属指数型基金，宽基指数基金和窄基指数型基金也有所不同。相对而言，股市大盘的涨跌对宽基指数基金走势的影响更大，对窄基指数基金走势的影响相对要小一些。

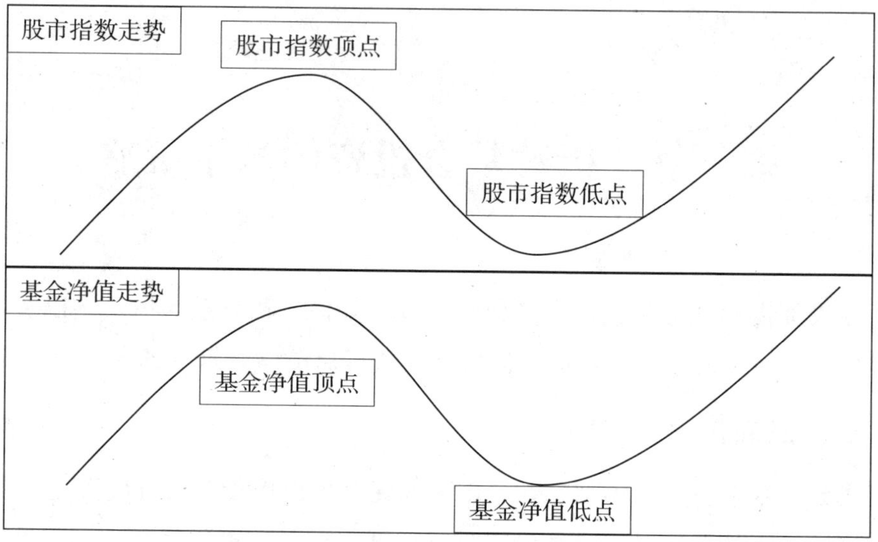

图 9–1　股市与指数型基金走势示意图

2. 波段投机法

波段投机操作是一种风险比较大的投资方式。这种投资方式与投资股票类似，但也有所不同。相对于股票投资来说，投资者投资指数型基金，可以有效地分散投资，降低风险，但是相比于股票投资，投资指数型基金也有一个弊端，即买入或卖出的时间差问题。投资者买入或卖出基金不会立即成交，这就可能会让投资者错失一些比较明显的投资机会。

波段投机操作有一个非常关键的问题，即入场时机问题。只有在准确判断大盘趋势的前提下，该操作才是有意义的，否则就可能像投资股票一样被套在高位。为了避免买在高点，分批入场是一个不错的选择，即当投资者在认为的低点或者可能是未来上升启动点位置少量入场买入基金；其后，当市场证明自己的判断正确时（即先前的投资产生盈利时），可以考虑再度加仓买入。有些投资者认为这并不是一个好方法，原因在于：若先前的判断是正确的，那么其后指数上升产生盈利时，再加仓可能会让自己处于顶部位置。

其实，这里有一个核心的问题，即你入场的位置到底是底部还是接近最高点的位置。若真是一段大的行情，肯定不会短暂上涨就结束；反之，短暂上升就终结的行情，也就不能称之为牛市。

二、收益策略：寻找风险与收益的平衡

收益策略与时间策略具有直接的关系。投资者所能承受的风险大小，必然会决定其入场时机的选择和最终的收益情况。换句话说，投资者能够承受的风险越大，其收益可能越高。

从某种意义上来说，指数型基金与股票相似，大部分属于中高风险级别的投资。在指数型基金内部，不同类型的指数基金，其风险级别也有所不同。

第一，相对而言，宽基指数基金的风险要稍弱于窄基指数基金。特别是以沪深 300 指数为代表的宽基指数基金，更是整个市场指数型基金以及偏股类基金的业绩基准。

第二，新兴行业的窄基指数基金，收益与风险同步放大。该类基金因反映了未来成长性较佳的新兴产业股票运行趋势，所以其净值走势波动相对较为剧烈，在上升趋势中，涨幅可能会相对较大；而在下降趋势中，跌幅也会很大。换句话说，当你愿意承担更大的风险时，才能拥有收获更多利润的机会。

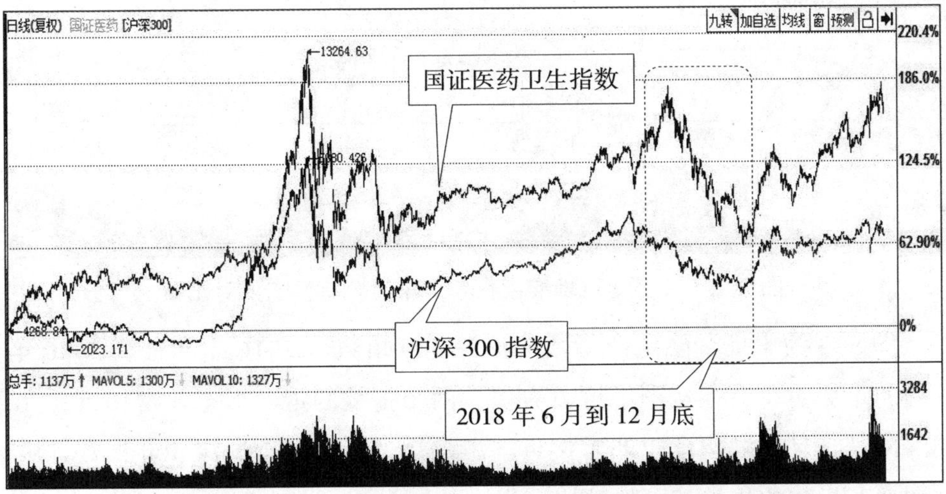

图 9–2　国证医药卫生指数与沪深 300 指数走势对比图

如图 9–2 所示，为国证医药卫生指数与沪深 300 指数自 2012 年年底到 2020 年 3 月初的日 K 线走势对比图。从图中可以看出，国证医药卫生指数的波动形态与沪深 300 指数相似，但国证医药卫生指数的波动幅度要远远大于沪深 300 指数。尽管国证医药卫生指数的整体涨幅高于沪深 300 指数，但在 2018 年 6 月到 12 月底期间，国证医药卫生指数的跌幅也要大大超过沪深 300 指数。由此可见，购买该窄基指数基金所面临的风险和收益，要远远大于沪深 300 指数基金。

第三，金融地产类窄基指数基金，收益与风险相对较小。由于金融地产类窄基指数的成份股中含有大量的银行、券商、地产类企业的股票，这类企业的业绩比较稳定，发展空间相对有限，因此波动幅度相对较小。在最近几年里，金融地产指数的走势与沪深 300 指数基本吻合，如图 9–3 所示。

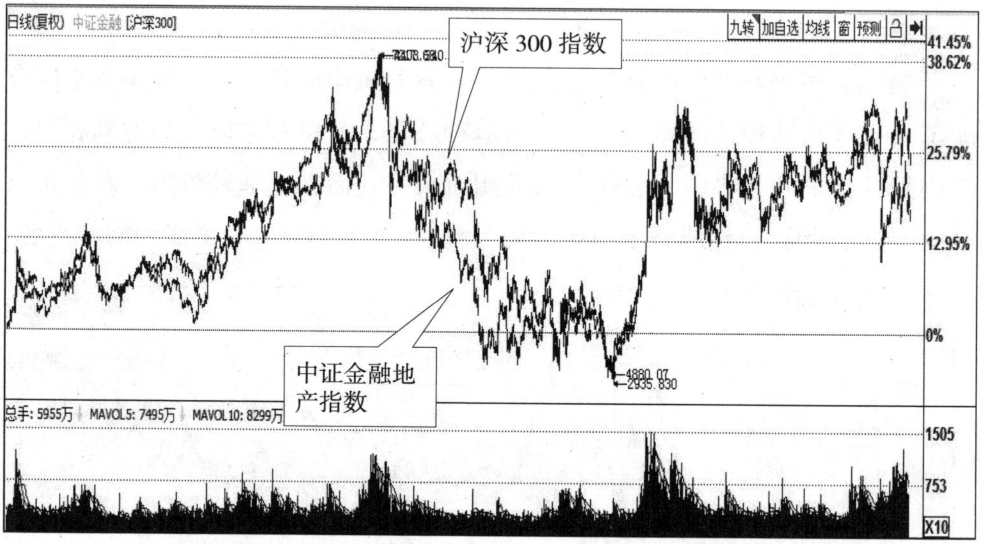

图 9–3　中证金融地产指数与沪深 300 指数走势对比图

图 9–3 为中证金融地产指数与沪深 300 指数自 2016 年 9 月至 2020 年 3 月初的走势对比图。从图中可以看出，两个指数的走势形态非常接近，几乎同涨同跌，且涨跌幅度也非常接近。也就是说，相对于沪深 300 指数，中证金融地产指数的收益与风险都比较小。

三、品种策略：构建合理的基金组合

一般来说，投资者持有的指数型基金数量不宜过多，且每类基金持有一到三只就可以了。站在未来发展的角度，笔者倾向于选择“一只宽基指数基金加上两三只窄基指数基金”的基金组合模式。

1. 宽基指数的选择

目前，市场上最具代表性的宽基指数就是沪深 300 指数。当然，投资者可根据个人偏好，布局一些诸如深证 100 指数、上证 50 指数或纳斯达克 100 指数等宽基指数。

若经济条件允许，布局一些海外宽基指数确实是一个相对不错的选择，一方面可以平衡资产布局，避免投资风险；另一方面，随着国内大量优质企业在国外上市，购买这些宽基指数基金也可以分享这些企业的发展成果。

尽管同属宽基指数基金，但沪深 300 指数、深证 100 指数、中证 500 指数和上证 50 指数等代表的企业之间也存在一定的区别。这种区别的背后，是国民经济发展态势的不同。从长远来看，中小企业的发展空间和潜力十分巨大，但这并不意味着几年之内代表中小企业的中证 500 指数的走势就会比沪深 300 指数更强。总之，选择何种指数，还需要投资者对经济基本面有个大致的判断。

2. 窄基指数的选择

对于普通投资者来说，窄基指数的选择相对更为困难。各指数公司推出的窄基指数种类繁多，很多指数覆盖的股票范围又多有重合和交叉，这都无形之中增加了窄基指数的选择难度。

这里提供两个典型的思路，以供读者参考。

第一，从行业角度来分析各行业的发展现状与未来，并挑选未来具有发展潜力的行业。同时，结合个人投资风格与偏好确认投资的行业指数，如消费行业、生物医药行业、科技行业等。

第二，从指数波动与估值的角度来分析指数处于高位还是低位。投资者要尽量在指数的低位买入，并在高位卖出。

第二节　指数基金交易仓位策略

指数基金投资的仓位调整，可能会对最终的投资效果产生较大的影响。

一、基金加仓基本策略

加仓是在原来持有的基金份额基础上进一步申购相同基金的行为。探讨基金的加仓策略，首先需要确认投资者选择加仓的原因。

促使投资者加大仓位的原因无外乎这样几个：其一，投资者将投资基金看成是一种日常的理财行为，当资金有余量时便执行买入操作；其二，投资者看到所投资的基金产生了一定的盈利，想要进一步扩大盈利规模而采取的基金买入行为；其三，投资者看到投资的基金出现了一定的亏损，为了拉低持仓成本、早日实现盈利而采取的基金买入行为。

基于以上对加仓原因的分析，下面来探讨一下关于加仓的问题。

第一，保持相同频率的加仓。

若投资者将基金投资看成是一种日常的理财习惯，那么，保持相同频率的加仓无疑是一个不错的选择。例如，通过设置基金定投来自我约束，积少成多。当然，定投的频率可以自由掌握，有的投资者每月定投一次，有的投资者每周定投一次，甚至每日定投一次等。

在具体实战中，即使是基金定投，投资者也应该根据基金品种的不同选择更为合理的定投开启和结束时间。关于这一点，在后面章节会详细介绍。

第二，指数基金的净值走势与加仓。

由于指数型基金的净值走势与股市走势基本吻合，因此，可以根据股市的波动情况，绘制一副大致的大盘走势图，如图 9-4 所示。

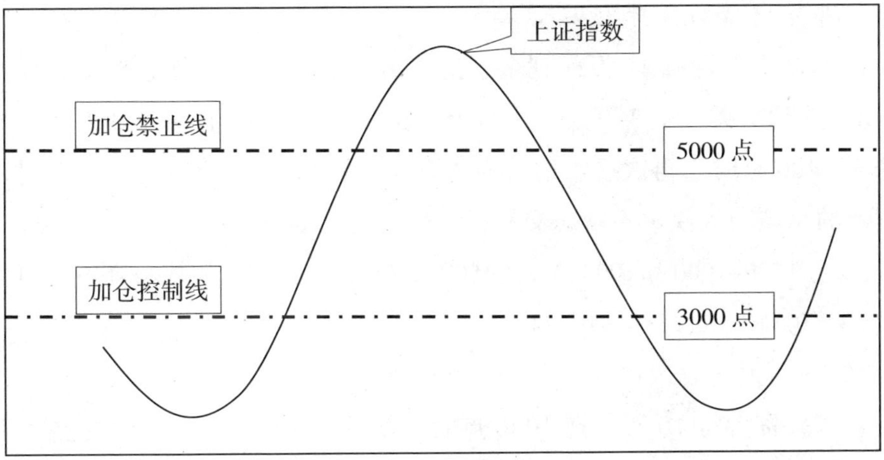

图 9–4　股市走势与指数基金加仓示意图

根据上证指数历年的波动情况，可以发现：近些年来，上证指数处于3000点以下的时间有限，投资者若能在3000点以下购入指数基金，获利的概率极大。也就是说，在3000点下方投资者加仓后获利的概率很大。反之，上证指数在5000点上方停留的时间往往比较短，投资者在5000点上方买入指数基金获利的概率极小。上证指数处于3000点以上5000点以下的区域，买入指数基金能否盈利，则充满了不确定性。

综上所述，出于基金投资安全的考虑，投资者可将上证指数3000点作为加仓控制线，即在该线以下，投资者加仓不受限制；上证指数在3000点以上，则应限制加仓。上证指数达到5000点为加仓禁止线，该线以上不宜加仓。

当然，将3000点和5000点分别作为加仓控制线和加仓禁止线并不是绝对的，投资者可根据自身情况，并结合股市的波动，适度进行修正和调整。

二、分批次入场策略

市场充满了不确定性，为了确保投资安全，投资者需要确立分批次入场的基本投资策略。

当然，从市场环境来看，分批次买入策略的收益情况并不相同。

1. 牛市行情与分批次买入

假如投资者持有 10 万元现金，想要分批次进行指数基金投资。在指数为 1000 点时，买入了 3 万元；指数上涨至 1200 点时，再买入 3 万元；指数上涨至 1400 点时，再次投入最后的 4 万元；则当指数上涨至 1500 点时，该投资者的总盈利规模（不考虑交易成本的情况）如下。

3×（1500−1000）/1000+3×（1500−1200）/1200+4×（1500−1400）/1400

=3×0.5+3×0.25+4×0.071

=2.53 万元

若该投资者将 10 万元在 1000 点时一次性全部投入市场，则指数上升至 1500 点时的盈利规模（不考虑交易成本的情况）如下。

10×（1500−1000）/1000

=10×0.5

=5 万元

也就是说，投资者一次性投入 10 万元的盈利比例可以高达 50%，计 5 万元；而分批次买入的话，盈利比例仅为 25.3%，即 2.53 万元。在牛市行情中，一次性投入的方式完胜分批次买入。

2. 熊市行情与分批次买入

假设投资者持有 10 万元现金，想要分批次进行指数基金投资。在指数为 1000 点时，买入了 3 万元；指数下跌至 800 点时，再买入 3 万元；指数下跌至 600 点时，再次投入最后的 4 万元；则当指数下跌至 500 点时，该投资者的总亏损规模（不考虑交易成本的情况）如下。

3×（1000−500）/1000+3×（800−600）/800+4×（600−500）/600

=3×0.5+3×0.25+4×0.17

=3.18 万元

若该投资者将 10 万元在 1000 点时一次性全部投入市场，则指数下跌至 500 点时，亏损规模（不考虑交易成本的情况）如下。

10×（1000−500）/1000

=10×0.5

=5 万元

也就是说，投资者一次性投入 10 万元，亏损比例可以高达 50%，计 5 万元；而分批次买入的话，亏损比例仅为 31.8%，即 3.18 万元。在熊市行情中，分批次投入的方式完胜一次性买入。

3. 振荡行情与分批次买入

假设投资者持有 10 万元现金，想要分批次进行指数基金投资。在指数为 1000 点时，买入了 3 万元；指数下跌至 900 点时，再买入 3 万元；指数下跌至 800 点时，再次投入最后的 4 万元；则当指数回到 1000 点时，该投资者的总盈利规模（不考虑交易成本的情况）如下。

3×（1000–1000）/1000+3×（1000–900）/1000+4×（1000–800）/1000

=3×0+3×0.1+4×0.2

=1.1 万元

若该投资者将 10 万元在 1000 点时一次性全部投入市场，则指数重新回到 1000 点时的盈利规模（不考虑交易成本的情况）如下。

10×（1000–1000）/1000

=10×0

=0 万元

也就是说，投资者一次性投入 10 万元，在指数重新回到 1000 点时，盈亏也是为 0；而分批次买入的话，则可以实现盈利 11%，即 1.1 万元。在振荡行情中，分批次买入完胜一次性买入。

总之，在非牛市行情中，分批次买入无疑是最安全的策略。同时，当我们回顾 A 股的历史走势就会发现，在绝大部分时间里，A 股都处于熊市或振荡市中，真正的牛市少之又少。

三、金字塔式入场策略

在投资领域，金字塔式入场策略也是应用比较广泛的一种策略。该策略根据市场环境的不同，可以分为正金字塔法和倒金字塔法两种。

1. 正金字塔法

在牛市中，正金字塔法可以在确保较佳获利的同时进行风险防御。该方法要求投资者将总投资金额分为四份：第一次投入 40%，第二次投入 30%，第三次投入 20%，最后一次投入 10%。

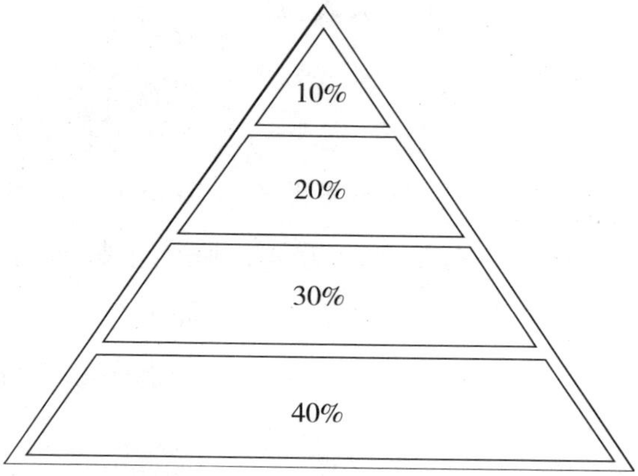

图 9–5 正金字塔买入法

该方法要求投资者分别设置若干个加仓点位，当指数上涨至某一点位时，立即采取相应的加仓行动，若指数没有突破该点位，则按兵不动。

假设投资者持有 10 万元现金，想要分批次进行指数基金的投资。在指数为 1000 点时，买入了 4 万元；指数上涨至 1100 点时，再次买入 3 万元；指数上涨至 1200 点时，再次投入最后的 2 万元；当指数上涨至 1300 点时，最后投入剩下的 10%。当指数上涨至 1400 点时，投资者的盈利规模如下。

4×（1400–1000）/1000+3×（1300–1000）/1000+2×（1200–1000）/1000+1×（1100–1000）/1000

=4×0.4+3×0.3+2×0.2+1×0.1

=3 万元

也就是说，投资者采用正金字塔法，分四次买入指数基金，可以实现 30% 的盈利。

2. 倒金字塔法

在熊市中，倒金字塔法可以通过不断地向下加仓来摊平成本，一旦市场反弹，将会很快实现盈利。该方法要求投资者将总投资金额分为四份：第一次投入 10%，第二次投入 20%，第三次投入 30%，最后一次投入 40%。

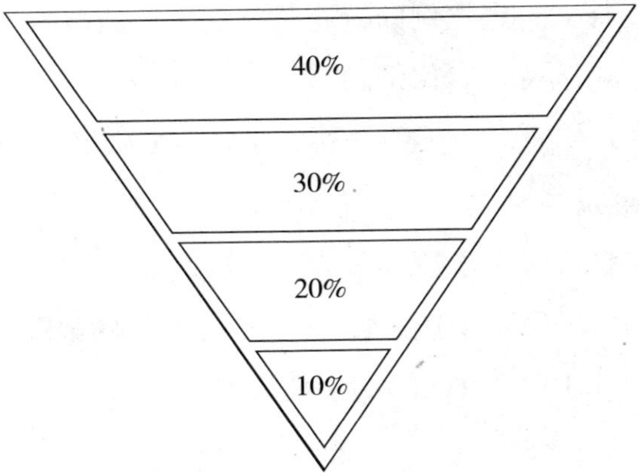

图 9-6 倒金字塔买入法

该方法要求投资者分别设置若干个加仓点位，当指数下跌至某一点位时，立即采取相应的加仓行动，若指数没有跌至该点位，则按兵不动。

假设投资者持有 10 万元现金，想要分批次进行指数基金的投资。在指数为 1000 点时，买入了 1 万元；指数下跌至 900 点时，再次买入 2 万元；指数下跌至 800 点时，再次投入最后的 3 万元；则当指数下跌至 700 点时，最后投入剩下的 40%。此时，该投资者的平均持仓点位为：

（1000 × 1+900 × 2+800 × 3+700 × 4）/10

=8000/10

=800 点

也就是说，投资者采用倒金字塔法，分四批买入指数基金，当指数反弹至 800 点时，即可实现盈亏平衡（不考虑交易成本）；若指数反弹回 1000 点时，则可实现盈利。

（1000−800）/1000 × 10

=2 万元

四、中轴交易法

中轴交易法，即以指数的某一点位为中轴，当指数处于中轴下方时，每下跌一定幅度，则加大一定比例的持仓量；反之，当指数处于中轴上方时，每上涨一定幅度，则减持一定比例的持仓量。这个中轴的设置，可以包括这样几种方式：其一，以买点为中轴；其二，以固定点位为中轴。

1. 以买点为中轴的交易策略

投资者在某一点位买入指数基金后，可以该点为中心设置20%的振荡区。当指数向上突破振荡区后，每上涨10%，则减仓10%；向下跌破振荡区域后，每下跌10%，则加仓10%。如图9-7所示。

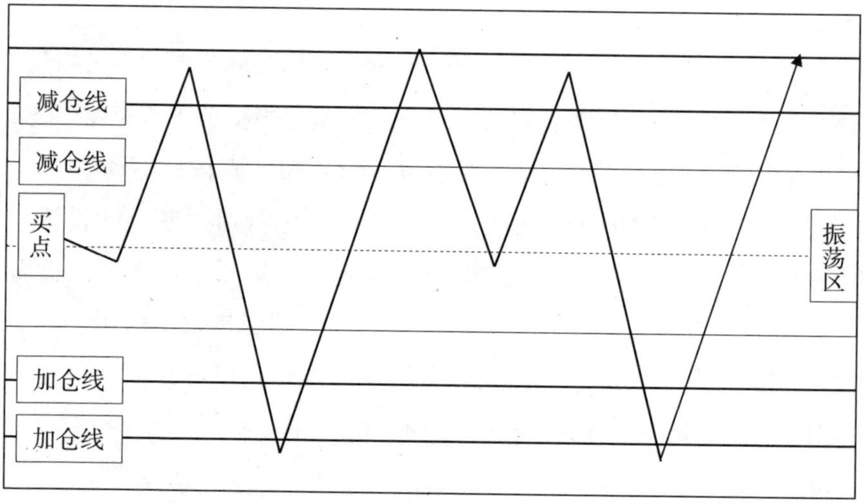

图9-7 以买入点为中轴的加仓与减仓策略

2. 以固定点位为中轴的交易策略

按照A股市场的波动形态，一般可将上证指数的3000点作为持仓基准线。当A股指数在3000点下方时，可考虑每下跌100点加仓10%的策略；同时，当指数高于3000点时，可考虑每上涨100点减仓10%的策略。同时，随着股市的不断振荡，固定点位也可以根据实际情况进行调整。当然，投资者也可以选择其他指数的某一点位作为中轴，然后制定相应的加仓与减仓策略。

第十章

指数基金的最佳交易策略——基金定投

基金定投是定期定额投资基金的简称，是指投资者在固定的日期（如每月10日，一般为投资者获得固定收入的日期）将固定金额的资金投入到某一开放式基金中的方式。从某种意义上来说，基金定投有一定的培养投资者投资理财习惯的作用。进行基金定投的投资者一般都是在每月工资中拿出一部分用于基金定投。也正因为如此，定投的日期也都设定在工资发放日的次日。当然，有些企业的工资发放日相对并不固定，则需投资者预留一定的空间。

第一节　基金定投与定投模式

长期投资，摊低成本，是基金定投的核心优势。投资者通过不间断地定投，可以有效地避免因判断失误而错过最佳的投资机会。

一、基金定投的基本策略：时机与标的

一般来说，能够长期坚持基金定投的投资者，都能获得较为丰厚的回报。不过，基金定投要想实现最大的投资收益，也需要讲究一定的方法和策略。

1. 基金定投的标的

从理论上来说，无论哪种基金都可以进行基金定投。不过，对于债券型基金和货币型基金来说，由于其收益较为稳定，进行定投和定期储蓄的区别不大，因此，投资者进行定投的意义也不大。

从投资的角度来说，股票型或偏股型基金，特别是指数型基金，才是基金定投的最佳标的。投资者通过不间断地定投，可以不断地摊平持仓成本。从国外相关研究结果来看，指数型基金的收益情况往往要好于大多数主动型的股票型基金，这个结论确实让人感到非常沮丧。几乎所有股票型基金的基金经理都力图通过自身的努力实现跑赢指数的目标，然而，仅仅有为数不多的基金才能真正做到“跑赢”指数。

2. 开启与结束基金定投的时机

尽管基金定投可以摊平投资成本，但并不意味着无论何时开启基金定投都能有不错的收益。基金定投开启与结束的时间，也需要有所选择。

一般来说，当股市经过一波较大幅度的下跌之后，大盘指数开始在底部进行振荡整理的时候，是投资者开启基金定投的时机。当然，有时候投资者也会判断失误，大盘还可能继续走低，不过这已经不重要了，因为通过定投能够摊平这部分成本。

当股市出现较大幅度的上涨后，投资者一般就应该考虑停止定投，并在大盘指数到达较高位置后开始逐步赎回定投的资金。

二、基金定投的基本原则

投资者进行基金定投时，需要坚守如下三个基本原则，如图 10–1 所示。

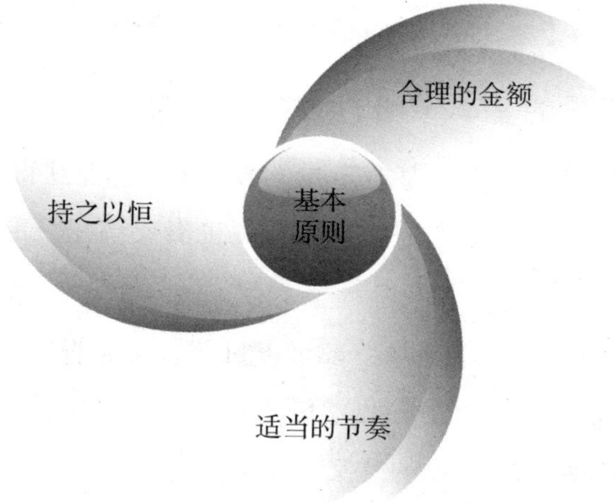

图 10–1　基金定投的三个基本原则

第一，合理的金额。

基金定投需要投入固定金额的资金，这个资金额度应该是投资者经过合理计算获得的，且不能影响正常的生活。也就是说，投资者不能因为眼下手中的闲钱较多，就设置较高额度的定投标准，还要从未来着眼，确保不会因为基金定投影响家庭支出。同时，如果额度设置过高，可能会在中途因为金额太高而不得不放弃定投计划。例如，某投资者手中有余量金额为 20000 元，月收入为 5000 元，每月支出大约为 3000 元，那么，该投资者在设置基金定投的额度时，一般不应该超过 1000 元。

第二，适当的节奏。

定投节奏的设置既要考虑收入进账的节奏，也要考虑定投的额度问题。对于以工资收入为主要经济来源的投资者，以月度为周期进行基金定投是一个不错的选择。当然，为了进一步摊平成本，将用于每月定投的金额分成四等份，并以周为周期进行定投也是不错的选择。例如，投资者若能够每月定投 4000 元，则将其变为每周定投 1000 元也是不错的。反之，若将定投节奏设置为每年或每季度一次则明显过长，也起不到摊平成本的作用。

第三，持之以恒。

基金定投需要很长的时间才能看到效果。按照目前股市波动的情况，一般三到五年才会出现一次较大的行情，因此，投资者的定投必须持续三到五年才能获得预期的收益。换句话说，投资者一旦决定开启基金定投，就必须有坚持五年甚至更长时间的准备，绝对不能半途而废。

三、基金定投的特点

基金定投具有以下三个显著的特点，如图 10-2 所示。

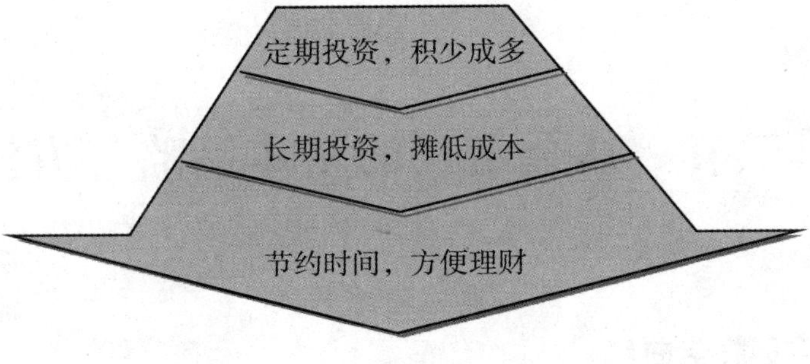

图 10-2　基金定投的三个特点

1. 定期投资，积少成多

基金定投在一定程度上可以起到替代零存整取的作用，投资者通过不间断的基金定投，可以在一定的时间内积累相对较多的财富。当然，积累财富量的多少与投资者坚持定投的时间和定期投入的资金量有关。这部分财富可以帮助投资者应付以后的突发事件。

2. 长期投资，摊低成本

采用基金定投，投资者可以不必过分关注入场的时机，即使买入基金后，随着股市的下跌，基金净值也随之走低，但只要坚持定投，同样的资金量就可以获得更多的基金份额，从而起到摊低成本的作用。

例如，投资者在基金净值为 1 元时定投 1000 元，获得 1000 份额的基金。其后，若股市走低，基金净值随之走低，降低至 0.8 元，那么，投资者再定投 1000 元，将会获得 1250 份基金，这时基金成本被摊低至 0.89 元；其后，若股市继续走低，基金净值随之走低，降低至 0.5 元，那么，投资者再定投 1000 元，将会获得 2000 份基金，这时基金成本被摊低至 0.71 元左右。若其后股市反弹，基金净值若能上升至 0.75 元左右，投资者就可以实现盈利了，无需等到净值回升至初始投资的 1 元位置。

3. 节约时间，方便理财

投资者设置基金定投后，系统会定时从银行账户中扣除相应的金额并转换成基金份额，这样，投资者就无需经常跟踪股市和基金市场走势了，节约了投资者的时间。

第二节　基金定投的基本策略与方法

一、定投微笑曲线

由于 A 股市场的波动性较大，投资者很难做到在低点时开始定投，不过，只要能够坚持下去，即使在股市下行趋势中开启定投，在不远的将来，也会有一个不错的收益，这就是定投领域经典的微笑曲线原理。如图 10-3 所示。

从图 10-3 中可以看出，即使投资者入场后，指数就开始下跌，只要保持固定的定投速度并坚持一段时间，待指数向上反弹一定幅度（有时甚至不需要反弹至定投起始点位置），投资者就可以实现盈利。这主要是由于在指数下跌过程中，投资者通过不断的定投拉低了平均持仓成本，因此，当指数反弹一定幅度后，投资者很快就可以实现盈利。

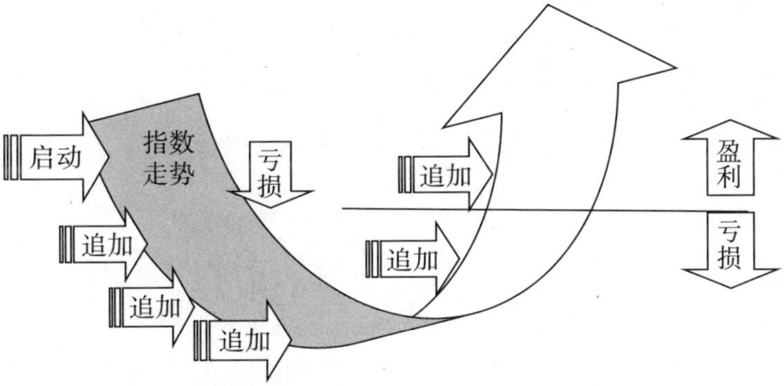

图 10-3 定投微笑曲线

定投微笑曲线告诉投资者，定投成功的关键点在于：坚持！坚持！坚持！只有坚持，才能不断地拉低持仓成本，最终实现盈利。

我们将定投微笑曲线转述为一个表格，如表 10-1 所示。

表 10-1 定投损益表

次数	指数点位	定投金额	累积投资额	市值	盈亏额	盈亏比例
1	3000	1000	1000	1000	——	——
2	2900	1000	2000	1966.7	-33.3	-1.67%
3	2800	1000	3000	2898.88	-101.12	-3.37%
4	2700	1000	4000	3795.35	-204.65	-5.12%
5	2600	1000	5000	4654.78	-345.22	-6.9%
6	2700	1000	6000	5833.81	-166.19	-2.77%
7	2600	1000	7000	6617.74	-382.26	-5.46%
8	2700	1000	8000	7872.27	-127.73	-1.6%
9	2800	1000	9000	9163.84	163.84	+1.82%
10	2900	1000	10000	10491.12	491.12	+4.91%
11	3000	1000	11000	11852.88	852.88	+7.75%
12	3100	1000	12000	13247.98	1247.98	+10.4%

从表 10-1 中可以看出，尽管定投开始点位为 3000 点，但当指数回升至 2800 点时，投资者就可能实现盈利，其中包含了指数在底部区域的小幅反复振荡。事实上，若指数在底部振荡的时间更长，则可能指数没到 2800 点，投资者就可能实现定投获利。

二、基金定投的主要模式

基金定投模式主要包括两种：其一，匀速定投；其二，变速定投。

1. 匀速定投

匀速定投是指无论外围环境如何变化，投资者只坚持固定的投资额度与节奏并保持不变。例如，投资者设定在上证指数 3000 点以下开始按照每周 500 元的速度匀速定投。此后，无论大盘指数上升还是下跌，均保持每周 500 元的速度定投。也就是说，即使大盘指数下跌至 2000 点以下，投资者仍会坚持按照每周 500 元的节奏进行定投。

假如，某投资者在 3000 点时按照净值为 1 元的价格申购了 500 份某基金（不考虑手续费等因素，下同）。当基金净值下跌至 0.9 元，则再度申购 500 元，就会得到 555.56 份基金。当基金净值下跌至 0.8 元，则其再度申购 500 元，就会得到 625 份基金。当基金净值下跌至 0.7 元，则再度申购 500 元，就会得到 714.29 份基金。当基金净值下跌至 0.6 元，则再度申购 500 元，就会得到 833.33 份基金。当基金净值下跌至 0.5 元，则再度申购 500 元，就会得到 1000 份基金。至此，该投资者共投资了 3000 元，获得了 4228.18 份基金，基金持仓成本为 0.7095 元 / 每份。此后，若该基金出现反弹，当基金净值上涨至 0.7 元 / 每份，则该投资者仅亏损了 40.274 元。

2. 变速定投

变速定投是指投资者根据外围环境的变化，适度调整定投的额度和节奏，以确保实现收益最大化。例如，投资者仍设定上证指数 3000 点为定投启动点。此后，若大盘指数在 3000 点下方每下行 100 点，则定投额度增加 50 元；若大盘指数上升超过 3000 点，则定投额度减少 50 元，直至停止定投。也就是说，若上证指数下跌至 2000 点，则定投额度将会调整为每周 1000 元。这样，投资者将会在大盘企稳时很快实现盈利的目标。

假如，某投资者在 3000 点时按照净值为 1 元的价格申购了 500 份某基金（不考虑手续费等因素，下同）。当基金净值下跌至 0.9 元，则再度申购 550元，就会得到 611.11 份基金。当基金净值下跌至 0.8 元，则再度申购 600 元，就会得到 750 份基金。当基金净值下跌至 0.7 元，则再度申购 650 元，就会得到 928.57 份基金。当基金净值下跌至 0.6 元，则再度申购 700 元，就会得到 1166.67 份基金。当基金净值下跌至 0.5 元，则再度申购 750 元，就会得到 1500 份基金。至此，该投资者共投资了 3750 元，获得了 5456.35 份基金，基金持仓成本为 0.6873 元 / 每份。此后，若该基金出现反弹，当基金净值上涨至 0.7 元 / 每份，则该投资者就可实现盈利 69.45 元。

通过与之前的案例对比可知：同样是从 3000 点开始启动定投，变速定投能够更早地实现盈利的目标。

三、不同类型投资者适合的指数标的

指数型基金是一种非常适合定投的标的，市场上的指数型基金产品种类也很多。投资者的个人投资偏好不同，所选的指数也有所不同。

1. 保守型投资者

保守型投资者侧重于资产的保值与增值，因此，反映整个市场绩优股走势的沪深 300 指数是一个不错的选择。目前，沪深 300 指数是指数型基金产品追踪最多的一种指数，从长远来看，随着经济的不断发展，该指数向上的整体趋势不会改变。当然，投资者也可以选择中证 500 指数、上证 50 指数等。

2. 稳健型投资者

稳健型投资者需要选择那些在未来会取得稳定发展且持续上行的指数。消费品行业指数是一个不错的选择。由于我国人口众多，无论是当下还是未来，消费品行业都是一个永远不会过时的行业，因此，该行业指数尽管短期可能会有回调，但从长期来看，仍会有较大的发展空间。

3. 进取型投资者

进取型投资者是那些愿意承担一定风险，希望获得高于平均指数收益的人。随着国民经济的发展，科技创新行业、生物制药行业为代表的新兴行业拥有更为广阔的发展空间，因此，创业板 50 指数、科技行业指数、生物医药行业指数等，会拥有更大的成长空间。

四、定投的止盈计划

定投绝不仅仅是进场投资那么简单，还需要选择适当的时机撤出。通常情况下，定投启动后，若指数出现振荡下行，投资者往往能够坚持定投下去，而一旦积累出较高的盈利时，却不知道该不该进行止盈操作了。毕竟 A 股市场的波动性非常大，若在牛市高点不及时止盈，就可能让定投产生的盈利被吞噬掉。因此，投资者在制定定投入场计划时，就需要考虑止盈离场计划。

通常情况下，定投止盈计划应该包括这样几部分。

第一，设定定投停止线。定投并不是要求投资者一直投下去，还要考虑何时终止。一般情况下，若非投资者个人原因不得不终止定投计划外，投资者最好以指数定位或盈利比例作为定投终止条件。比如，投资者在 3000 点时开始启动定投，此后，指数经过一段时间的振荡下行后启动上涨，并突破了 4000 点，此时，投资者就应该考虑停止定投。当然，这一终止定投的标准可以根据投资者的盈利规模和幅度进行调整，若投资者的盈利规模和比例较大，可以在指数回到 3000 点时就终止定投。

第二，择机启动减仓计划。若指数没有出现明确的进入下行通道的信号，并不建议投资者彻底清仓，而应该采取逐步减仓的计划。比如，投资者在 3000 点时启动了定投，当指数上升至 4000 点时，终止定投，那么，当指数上升至 4500 点时，至少要减仓 20%，之后以此类推。当然，投资者也可以调整减仓比例。这里有一个原则，即指数开始回落时，投资者至少应保留 20% 的仓位，毕竟没有人能够准确预测指数的走势或者大顶。

第三，当指数自高点回落至 3000 点水平时，投资者可以重新开启定投计划，如此往复运行。当然，若发现指数在没有回调至3000点时已经开启了反弹，则可提前开启加仓模式。

第三节　基金智能定投

前面介绍了两种基金定投模式，从这两种模式可以看出，变速定投对投资者来说是一种比较有利的定投模式。不过，这种模式也存在一定的弊端，比如，投资者需要密切跟踪基金净值和大盘指数的变化，并随之调整定投的金额，需要投入较多的精力和时间。为了方便投资者操作，于是很多基金公司相继推出了一些智能定投产品。

所谓智能定投，是指系统根据投资者设定的条件，自动跟踪市场行情的变化，并根据市场行情变化切换定投的额度。智能定投在很大程度上节约了投资者跟踪市场的时间，对市场的反应也更加及时。目前，很多基金公司、证券公司都推出了智能定投产品，如慧定投、阿牛定投、广发基金赢定投等。

目前，市场上的智能定投产品大致可以分为以下四类，如图10-4所示。

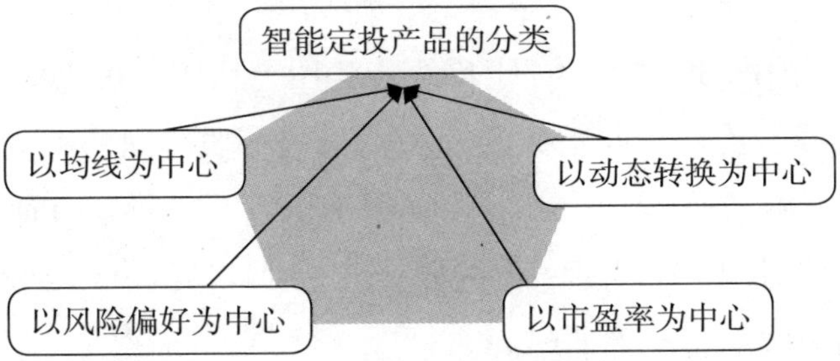

图10-4　智能定投产品的分类

一、以均线为中心的智能定投

定投产品多为指数型基金，指数型基金的净值走势又与指数相吻合，其中最常使用的指数包括沪深300指数、上证50指数、创业板指数等。

智能定投系统为了判断当前指数走势处于强势还是弱势，往往会引入均线系统来进行分析。按照均线分析理论，当指数运行于均线上方一定幅度时，说明指数走势极为强势，未来有回调的可能；反之，若指数运行于均线下方一定幅度时，说明指数走势极为弱势，未来有反弹的可能。下面以沪深 300 指数为例进行介绍，如图 10-5 所示。

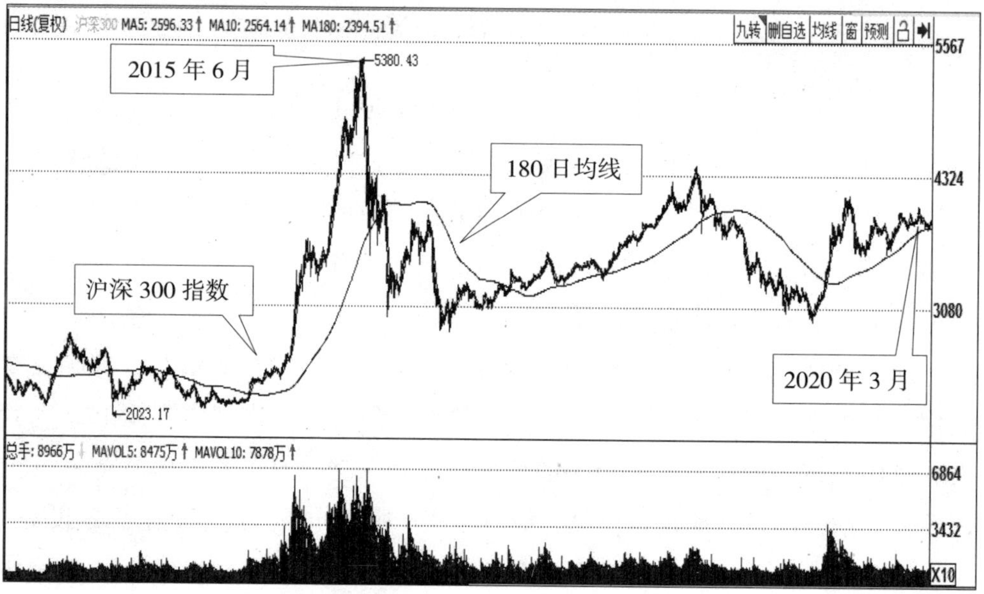

图 10-5　沪深 300 指数日线走势图

图 10-5 为沪深 300 指数的日 K 线走势图，从图中可以非常容易地找到一条 180 日均线。沪深 300 指数的日 K 线经过一段时间的上涨后，会与 180 日均线产生较大幅度的偏离，此时往往属于指数即将回调的时间；反之，当指数线经过一段时间的下跌后，也同样会与 180 日均线产生较大幅度的偏离，此时也属于指数线即将反弹的时间。

以均线为中心的智能定投，正是考虑了指数线走势与均线的位置关系。当指数线处于上升趋势，且距离均线一定幅度后，系统将自动缩减定投额度；反之，当指数线处于下跌趋势，且距离均线一定幅度后，系统将自动提高定投的额度。

我们以支付宝基金定投页面中的“慧定投”为例，介绍该类智能定投的运行方法。

慧定投系统默认的指数为沪深300指数，均线系统为180日均线。投资者若以此参数为基准设置智能定投，系统会根据定投日期之前的沪深300指数走势以及与180日均线之间的关系、投资者设置的基准定投额度，确定当期的定投额度。也就是说，在智能定投系统中，基金定投只是在固定的日期投入不定额的资金，其具体浮动标准如表10–2所示。

表10–2　慧定投每期定投额度计算表

T–1日指数收盘价高于沪深300指数平均值	实际定投额度	T–1日指数收盘价低于沪深300指数平均值	实际定投额度
0～15%	90%×基准定额	0～5%	160%×基准定额
15%～50%	80%×基准定额	5%～10%	170%×基准定额
50%～100%	70%×基准定额	10%～20%	180%×基准定额
100%以上	60%×基准定额	20%～30%	190%×基准定额
		30%～40%	200%×基准定额
		40%以上	210%×基准定额

假如某投资者利用慧定投进行基金定投。若其设置的基准定投额度为500元，那么，当沪深300指数高于180日均线10%时，系统会自动将定投额度缩减为450元；反之，若沪深300指数低于180日均线15%时，则系统会自动将定投额度放大至900元。

总之，智能定投的核心思想就是大跌大买备反弹，大涨少买防回调。投资者若能长期按照智能定投的要求投资，那么只要股指稍有回调，就会有不错的收益。

当然，投资者在应用慧定投时，也可以根据个人偏好修正参照标准。例如，投资者可将沪深300指数调整为中证500指数或创业板指数（目前系统只提供了上述三种指数）；也可以将180日均线调整为250日均线或500日均线（目前系统只提供了上述三种周期均线）。

投资者应用以均线为中心的智能定投系统时，需要注意这样几个问题。

第一，均线的选择。在慧定投系统中，默认的是180日均线。实际上，基金定投作为一项需要长期坚持的投资理财活动，需要选择相对较为稳定的均线。均线周期越长，其稳定性才会越好。从这一点上来说，180日均线可能相对敏感，360日均线或500日均线会更好一些。

第二，没有止盈设置。当指数上涨到一定幅度后，系统会自动减少定投的资金量，但没有给出结束定投或赎回的信号。何时可以不再定投或何时可以赎回基金，还需要投资者自己把握。

二、以市盈率为中心的智能定投

以市盈率为中心的智能定投与以均线为中心的智能定投的设计思路非常接近，它根据指数平均市盈率的高低分别赋予相应的定投变动幅度。用通俗的话来说，市盈率越高，说明指数越贵，越要少投钱；反之，市盈率越低，说明指数越便宜，越要多投钱。从历史经验来看，市盈率处于较低水平时，往往是股市处于底部区域的时候，这时候加大投资金额，无疑会产生较为丰厚的投资收益。

下面以腾讯理财通基金定投页面中的“智能定投”为例，介绍该类智能定投的运行方法。

腾讯理财通智能定投系统的参数都是设置好的，不需要投资者再进行单独设置。该系统将投资者投资目标基金所跟踪的指数市盈率与该指数历史上前500日平均市盈率分组进行比照，并分别赋予不同的定投调整系数。该系统会将历史前500日市盈率自低而高分成10组，其具体浮动标准如表10-3所示。

表10-3 腾讯理财通智能定投调整系数

市盈率分组	1	2	3	4	5	6	7	8	9	10
定投比例	2	1.8	1.6	1.4	1.2	0.9	0.8	0.7	0.6	0.5

投资者每期定投额度的计算公式如下。

每期定投额度 = 基准定投额度 × 定投比例

这里需要注意这样几点。

第一，跟踪的标的。在腾讯理财通智能定投系统中，并未给出标准的指数跟踪标的，系统会根据投资者选择的目标基金自动选择跟踪标的。例如，投资者若选择了一只跟踪沪深 300 指数的指数基金，则系统会自动将沪深 300 指数作为分析标的。

第二，市盈率分组。该系统提供的市盈率分组数据并不是固定不变的，而是将所选指数前 500 个交易日的平均市盈率自低向高进行分组，自动设定。例如，沪深 300 指数在 500 个交易日内平均市盈率最高为 50 倍，最低为 10 倍，那么，系统会自动将 10 倍到 50 倍的市盈率分成 10 个组。当然，随着时间的延续，市盈率可能会创出新的最高点或最低点，这时系统也会随之进行相应的调整。例如，最新一个交易日的平均市盈率为 9 倍，那么，系统的分组系统会自动将 9 倍设置为最低的倍数。

若投资者选择了某只追踪中证 500 指数的基金品种，设置的定投基准额为 500 元 / 每月。那么，某一月份，市盈率若位于 500 个交易日内市盈率的第 3 组水平，则该月定投额度为 500 元 ×1.6=800 元；反之，另一个月份，市盈率若位于 500 个交易日内市盈率的第 9 组水平时，则该月的定投额度为 500×0.6=300 元。

与以均线为中心的智能定投相似，以市盈率为中心的智能定投也没有解决止盈的问题。

三、以风险偏好为中心的智能定投

以风险偏好为中心的智能定投，是根据投资者的风险承受能力以及财务状况和投资时长等，来选择基金类别和配置比例。智能定投系统会根据投资者的风险偏好情况，合理规划股票型基金、债券型基金、货币型基金、指数型基金的配置比例。投资者选择以风险偏好为中心的智能定投，就相当于投资了一篮子基金组合。

若投资者承受风险的能力较强，系统将自动配置较高比例的股票型基金，反之，股票型基金配置的比例较少。当然，因为该类智能定投需要投资的基金品种较多，因此需要投资者投入的资金额度也相对较高。该类基金不像其他基金定投产品可以100元起投，而是必须达到5000元甚至2万元才能起投。

目前，市场上以风险偏好为中心的智能定投产品，以招商银行的摩羯智投和京东智投为代表。下面以京东智投为例进行介绍，如图10-6、图10-7所示。

图10-6　京东智投1

图10-7　京东智投2

在启动定投前，京东智投会为投资者做一个风险评估测试，该测试的评估项目包括职业、收入来源、家庭可支配收入、财务状况、投资时间、计划投资金融产品、可承受的损失、关于投资的描述、信用记录情况等。系统会根据投资者的情况确认一个风险等级，如保守型、谨慎型、稳健型、积极型、进取型等（如图10-6所示）。其后，该系统还会根据确定的风险等级给出具体的资产配置方案（如图10-7所示）。

从图10-7中可以看出，针对进取型投资者，京东智投给出的资产配置建议以债券型基金和股票型基金为主，黄金基金和货币基金占比较低。从理论上来讲，当投资者风险偏好产生变化时，系统给出的资产配置方案也会随之调整。

不过，这种智能定投方案也存在明显的弊端，比如，起投的金额往往比较高，京东智投是这类定投中起点最低的一种，也要5000元起步，其他的智能定投产品可能会更高。其次，在资产配置计划中，存在一些投资者并不感兴趣的资产，如喜欢追求高收益的投资者不得不配置一些货币基金和黄金基金等。第三，投资者风险偏好发生变化，系统调仓时，会产生相对较多的费用。

四、以动态转换为中心的智能定投

目前的基金品种不仅包括了股票型基金、债券型基金、货币型基金等几个大类，还涵盖了各种细分行业的指数基金。通常情况下，各类基金的走势很难同步，可能在一段时间内股票型基金表现强势，另一时间段内债券型基金的走势比较强势。即使同样属于股票型基金，大盘指数走势与创业板指数或各类行业指数的走势也不会同步，有时大盘股走势强势，有时创业板的股票走势呈强势。

强者恒强，是投资领域的一个永恒法则。但是在判断强势基金方面，普遍认可的方法就是根据之前的走势来确定，即在之前一段时间内，基金净值走势较强者，其后继续走强的概率较大。以动态转换为中心的智能定投系统就是按照这一原理设计的。

以动态转换为中心的智能定投系统设置了两类基金，其一为股票型基金，其二为债券型基金。当股市处于牛市行情时，股票型基金呈强势，则系统自动将资金投入到股票型基金中。当股市处于熊市时，股票型基金呈弱势，债券型基金呈强势，则系统会自动切换至债券型基金。

当然，各家智能定投系统在备选的投资标的方面各有不同，如阿牛定投、蛋定投等。下面以蛋卷基金推出的“蛋定投”为例，介绍一下蛋定投系统中的“二八轮动”和“八仙过海”两款经典产品。

1. 二八轮动

二八轮动全称为蛋卷斗牛二八轮动，是蛋卷基金旗下的一款基金策略产品。经常投资股市的投资者都知道，股市中存在一个“二八轮动”定律，其中的“二”指的是占 A 股市场 20% 左右的大盘股，这部分股票虽然数量相对较少，但资本量却非常大，不容易被拉升或打压，这类股票的走势往往决定了整个股市大盘（上证指数）的走势。“八”指的是占 A 股市场 80% 左右的中小盘股票，这类股票的数量众多，但资本量相对较小，也比较容易被拉升或打压。从历史经验来看，大盘股走势经常会与中小盘股走势产生分化。

蛋卷斗牛二八轮动系统是以天弘沪深 300 指数基金代表大盘股，以天弘中证 500 指数基金代表中小盘股票，再以天弘永利债券 E 为备选基金共同构成。以前 20 个交易日为分析周期，每一交易日结束后，系统会自动分析此前 20 个交易日内的大盘指数和中小盘指数，当大盘指数呈强势时，则自动买入天弘沪深 300 指数基金；当中小盘指数呈强势时，则自动买入天弘中证 500 指数基金；当股市整体下行时，系统将买入天弘永利债券 E。总之，系统会自动为投资者筛选之前 20 个交易日内走势较强的基金标的。

2. 八仙过海

八仙过海全称为蛋卷斗牛八仙过海，也是蛋卷基金旗下的一款基金策略产品。八仙过海与二八轮动相似，也是根据投资候选标的的走势，从中选择走势最强者，只是候选标的不再是代表大盘股的沪深 300 指数和中证 500 指数，而是比较有代表性的八个行业板块。八仙过海中涵盖的行业基金包括：招商中证大宗商品指数分级、招商沪深 300 高贝塔指数分级、招商中证全指证券公司指数分级、招商沪深 300 地产等权重指数分级、招商中证银行指数分级、招商中证煤炭等权指数分级、招商中证白酒指数分级、招商国证生物医药指数分级。此外还添加了招商信用添利债券，作为低风险资产平衡器。

八仙过海系统将上证 50 指数日 K 线与修正后的 40 日均线走势关系作为基本的轮动参照。当上证 50 指数日 K 线向上穿越 40 日均线，并在下一个交易日站稳 40 日均线，则买入 3 种候选的行业基金。至于买入何种行业基金，则需选取 8 个行业基金中近 10 个交易日涨幅最大的 3 只基金。当上证 50 指数日 K 线向下跌破 40 日均线时，则全部卖出所持有的基金，并买入债基。

八仙过海也存在一定的弊端，即股市若处于单边上升或单边下跌行情中，投资效果表现比较优异，而一些振荡比较激烈的猴市则比较难把握。系统可能刚刚将所有资金转入股票型基金，行情就出现了转向，系统于是再度发出卖出的指令，如此往复，该系统可能不仅没有获得盈利，反而会支付更多的交易费用。

除了上述四种智能定投模式外，很多基金公司为了解决投资者买入基金后无法确定卖出时机的问题，推出了目标盈功能。也就是说，投资者在申购基金时，可以设定基金的盈利目标，一旦基金的盈利幅度达到目标幅度时，系统会自动赎回基金。这样，投资者就完成了一次成功的投资。此后，投资者可以重新选择基金开启定投。